男子系企業の失敗

ルディー和子

日経プレミアシリーズ

まえがき

なぜ、日本企業は現状維持志向が強いのだろうか。なぜ、日本の経営者は改革という名のもとに改善型経営に徹してきたのだろうか。

安倍晋三元首相も「日本人の面白いところは、現状変更が嫌いなところです」と発言していたように、日本人は他国に比べて、現状維持バイアスが強いのだろうか。

なぜ、「日本の経営者は無能だ」と海外から批判されるのだろうか。一流大学を出て論理的思考にも長けているはずの経営者が、なぜ経営者失格とまで言われるのだろうか。

ソフトバンクグループの孫正義氏は、「日本の人々の素晴らしさは心の純粋さにあると思います。純粋さが単なる真面目で終わることが多いのですが……」と発言している。「真面目さ」と「無能さ」には何らかの関連性があるのだろうか。

こういった素朴な疑問が、この本を書くきっかけとなった。

疑問への答えを見つけるために行動経済学や社会心理学の最近の研究を調べているなかで、日本人の現状維持バイアスの強さが日本の「男社会」と深い関係にあることがわかった。そして、「同質性の高い集団」と「真面目さ」や「無能な経営者」との関係も明らかになってきた。

第2章や第3章でいくつかの調査や研究にもとづいて説明するように、日本企業の男性中心の同質性集団が、現状維持志向をもたらす要因の1つであることが明らかになった。また、1980年代に始まったと言われる日本企業の組織の劣化も、同質性が原因となっていることも明らかになり、その同質性こそが無能と言われる経営者を育てたこともわかってきた。

現在、企業は、多様性をスローガンに組織構成を変えようとしている。多くの経営者や男性社員は、機関投資家を含めた外圧に対応するために多様性を取り入れなければいけないと考えている。

そして表向きには、「多様性はイノベーションをもたらす」と言っている。だが、イノベーションはそう簡単にもたらされるものではない。第3章でも紹介しているが、多様性のある組織を経営するのは面倒なものだし、多様性のある職場で働くことも面倒な一面がある。

多様性をうんぬんする前に、日本企業は、これまでの男性中心の同質性集団がどういった弊害をもたらしてきたかを、まず理解しなくてはならない。同質性集団は日本の戦後の雇用制度の産物だ。

なかでも、1960年代からの、新卒大量一括採用が組織の同質度を急激に高めた。その結果、現状維持バイアスの高い経営者が数多く生まれてしまった。そして1980年代前半には、企業組織の不活性化が始まった。

第4章には「男性中心の同質性集団」がもたらした弊害をいくつか挙げた。そのほとんどが、日本企業で働く誰もが「うちにもある」と納得するものばかりのはずだ。が、なかには、「想定外の弊害」もある。たとえば、日本女性の社会進出が遅れたのは「家庭内での主婦の力が強いから」という説がある。ちょっと驚く意見かもしれないが、企業の「男社会」が家庭での女性の地位を高めたと指摘する学者や有識者がいることは事実だ。

最終章では、日米にまたがる調査や研究にもとづいて、「真面目」について考えてみた。そして、日本のビジネスパーソンが陥りやすい認知能力一辺倒の考え方が、真面目なだけで終わってしまう会社員や経営者を生むのではないかと結論づけた。
「失われた30年」をもたらした原因は同質性男性集団にあると、女性の私が指摘することは、ある意味、当然のことかもしれません。なぜなら、集団に関する認知バイアスのせいで、集団のメンバーは、自分の集団が同質性が高いことや、それがもたらす弊害には気づかない傾向が強いからです。

女性の観点からの「日本企業の組織や経営」批判だと思って、「怖いもの見たさ」、あるいは、「珍しいもの見たさ」といった好奇心をもって楽しんで読んでいただければと願っております。そして、仕事上で役立つアイデアとかヒントを少しでも得ていただくことができたとしたら、著者にとってはこれ以上ない喜びとなります。

ルディー和子

2023年10月

目次

第2章

男らしく、リスク回避的は宿命か

ＩＴ化と終身雇用は相性が悪い
無意識のうちに内集団の同質性を守る
経営者も従業員も変わりたくない日本企業
明晰なエリートほど無自覚な認知バイアス
社長の周囲に、イエスマンが集まる科学的必然
損失回避性という最大級のバイアス
経営者の本能的感情が新規投資を妨げる
恐れを感じた脳による瞬時の指令
生存率を高めるための霊長類の共通記憶
投資家も経営者もオマキザルも、損失回避性に影響される
なぜ戦後の日本人はチャレンジできたか

国民文化と損失回避係数との相関性
「男らしい国」ほど損失回避性が高い
競争心と攻撃性が出世欲に向けられる
現状維持バイアスを生む脳の仕組み
日本人に埋め込まれた危険回避の遺伝子
男性ホルモン・レベルで投資行動が変わる
不安を強く感じさせる遺伝子の存在
S型遺伝子で投資行動が変わる
感染症から自らを守る特質を獲得した祖先たち

第3章

「しがらみ」という戦略的互恵関係

リーマン・ブラザーズ&シスターズだったら……
「私の組織のメンバーは個性豊か」の誤謬

新卒大量一括採用が決定的ブロー
80年代から日本企業が劣化した原因
高度成長期には同質性組織が有効
「女性が入る会議は長い」発言と男性内集団の規範
従業員の満足度は多様性集団では低くなる
サラリーマン社長には重すぎた課題
お約束の謝罪会見、経営者の本音
「しがらみ」という戦略的互恵関係
会社のしがらみ構造を破壊できるのは誰か
嫌いな上司、同僚がいても会社をやめられない
男性社員には本音で同情する
男性集団と女性集団に違いはあるか

第4章

男子系組織がもたらす想定外の弊害

東芝の権力争いは男性だから起きたのか
女性は競争を敬遠し、男性は競争しすぎる
自信過剰が男性を競争させる
名誉欲がもたらした20万人の悲劇
「リーマン・シスターズ仮説」を検証する
女性首相の国ほど、コロナ対策に優れる傾向
世間の空気を読めない男性同質政権
女性が女性らしさを発揮できない集団
なぜ夜の「会食」にこだわるのか
オールド・ボーイズ・ネットワークは汚職の温床？
女性の社会進出が遅れたのは、家庭での地位が高いから
労働者ではなく消費者でありつづける日本の女性

第5章

同質性集団が繰り広げる同質的競争

女性リーダーの特徴は自信のなさ
部下との合意形成を重視する女性管理職
「国を率いる力がない」と言って辞任した首相
日本人は模倣民族、それとも消化吸収する民族?
赤信号、みんなで渡ればこわくない心理
日本企業の行動は戦略ではなく、反応である
業界外の動きに鈍感だった日本の経営者たち
「他社もやっています」が、社長説得の最強の材料
百貨店業界が衰退した通説的な原因
百貨店業界が衰退したシンプルすぎる真因
人口問題を真剣に考えなかった経営者たち

最終章

素人の経営を脱する究極の感情

第1章

日本企業、30年不変のシステム

「サラリーマン社長」は日本の誇りか

「20世紀型大国の落日」という大見出しが目に入ってきた。日本経済新聞の第一面なので、「また、日本経済の低迷についての記事だな」と思い込む。が、早とちりだった。経済ではなく政治の話で、ウクライナ戦争を起こしたロシアについての記事だった。

こういった勘違いをするくらい、この数年、日本経済の衰退を危機感を持って報道する記事が多い。衰退の原因については、バブル崩壊後の「失われた20年〜30年」に戻って説明される。そして、その原因が根本的に取り除かれていない現在、このままでいったら失われた40年になるだろうという悲観的予測も耳にする。

失われた30年間、多くの日本企業は改革という名のもとに改善型経営に徹した。つまり、既存の組織形態や事業内容や業務プロセスを根本的に変えることなく改善することでよしとした。単なる改善なのに、それを構造改革だと主張した。

その結果が如実に数字に出ている。

バブルが崩壊したと言われる1991年の前年1990年から30年間、日本企業（金融・

保険業を除く）の売上はほぼ横ばい。１９９０年の売上高１４２８兆円に対して、コロナ直前の２０１９年の売上高は１４８２兆円。わずか３・８％の増加だ。だが利益、とくに経常利益は１・９倍、純利益は２・６倍に伸びている。２０２１年の経常利益と純利益は過去最高だった。

　売上が上がっていないのに利益が増えたのは、コスト削減を徹底することで利益を出す方法をとったからだ。国内市場が少子化で縮小するなか、売上を上げるための手段は限られている。革新的に新しい商品やサービスを販売するか、これまで存在しなかった新しいビジネスモデルを提供するか、あるいは海外に進出するかだ。投資もせず賃金も上げない企業が、革新的に新しいモノやビジネスモデルを創出することは不可能に近い。

　投資もせず賃金も上げず、内部留保だけが増えつづけた日本企業は、まるで成長することをあきらめたかのようだ。

「奇跡的に無能な経営者たち」と外国人に言われると、カチンとはくるが反論できない。だが、同じ外国人でも、「日本は過去30年、余分なコストを減らすことで利益を伸ばしたサラリーマン社長を誇りに思うべきだ」なんて書いている人もいる。「著名投資家のウォーレン・

バフェット氏が日本のサラリーマン社長に感心するのも当然である」と、いくらなんでもちょっと褒めすぎ……と、つっこみたくなることも書いている。筆者のイェスパー・コール氏は、マネックスグループ・グローバル・アンバサダーで、「今は投資をしてビジネスを成長させる新たな目標に向かう時だ」とも書いている。ほめすぎなのは少し営業トークが入っているからかもしれない。

男性中心集団の現状維持バイアス

たしかに、バブル崩壊後、日本企業がとった行動は当時としては正しいものだった。設備投資による債務は大きな負担となっており、必要以上の従業員数を抱えていた。過剰債務、過剰設備、過剰雇用の3つの過剰の解消が大きな課題だった。投資や人件費の削減は急務だった。

問題は、それを長くつづけすぎたことにある。

安倍晋三元首相は回想録で「日本人の面白いところは、現状変更が嫌いなところなのです」と発言している。

日本人に限ることなく人間は基本的に変化を嫌う。

行動経済学で言うところの「現状維持バイアス」は、変化や未知なものを避け現在の状況に固執してしまう心理傾向を意味する。イケイケドンドンのバブルが崩壊して、「金を使うな」「コストを削減しろ」の時代が10年もつづくと、そこから踏み出すことができなくなる。成長するのに必要な投資をする、あるいは、成長するのに必要な人材を雇用するために賃金を上げることにしり込みするようになる。

日本企業の現状維持バイアスは他国に比べて高いのだろうか？　高いのであれば、なぜ、高いのか？　そういった疑問への答えを見つけるため、行動経済学や神経経済学の最近の調査や研究成果を調べてみた。そして、次の第2章で詳しく説明するように、日本企業の現状維持バイアスが高いのは、日本企業の組織が男性中心の同質性集団であることに関係しているという事実がわかってきた。

日本企業の組織の同質性は、戦後始まった終身雇用制と1960年代末に本格化した新卒大量一括採用制、この2つの制度が組み合わさることによって強固なものになった。日本企業の同質性男子集団は、それが継続されてきた数十年という長さや凝縮性において、先進国では例を見ない特異な現象だ。男性中心の同質性集団から生まれる弊害については第3章で詳しく説明するが、改革と言いながら改善で終わってしまったのも、改革のために必要な積極的投資にしり込みするようになったのも、掘り下げれば、組織の同質性に関係してくる。

日本におけるIT投資の歴史は、企業の現状維持志向や組織の同質性を検証するには最も適切な具体例だ。

日本企業全体として内部留保（利益剰余金）は、2016年度末に400兆円を超している一方で、IT投資は1997年の20兆円をピークにほぼ横ばい。2017年も16・3兆円にとどまっていた。しかも、そのうちの80%が、既存システムの保守・運用に割り当てられている。DX（デジタル・トランスフォーメーション）と呼ばれるような、新たな価値を生み出すためのIT投資がされていないということだ。企業の将来を考えるときに必須の投資だとわかっていても、お金が使えない。

日本企業のIT化の歴史をふりかえれば、その場その場の改善に徹してきたことがよくわかる。また、組織の同質性とは相いれなかったIT部門やIT人材が、どのようなやり方で疎外されてきたかもよくわかる。

そういった2つの観点から、日本企業のＩＴ化を時代をおって考えてみる。

自社システムは、誰も知らないブラックボックス

ＤＸという言葉を一気に流行語にしたのは、２０１８年に経済産業省が発表した「ＤＸレポート～ＩＴシステム『２０２５年の崖』の克服とＤＸの本格的な展開」だ。

企業にとってのＤＸとは、デジタル技術を利用して、これまで存在しなかった新しいビジネスモデルや新しい製品やサービス（新しい価値）を創出し、市場における競争上の優位性を確立することだ。

ところが、日本の場合は、デジタルで変身（トランスフォーメーション）する以前に、レガシーシステムの一掃をしなければ先には進めない……という現状課題とその対応策をまとめたのが、経済産業省のＤＸレポートだ。

このレポートを読んで危機感を覚えた経営陣が多かった。「失われた30年」に投資を渋っていた企業も、他社に遅れまじと一斉にＩＴ投資を進めるきっかけになった。

日本企業の約8割がレガシーシステムを抱えており、約7割がレガシーシステムが自社の

デジタル化の足かせになっていると答えている（日本情報システム・ユーザー協会。2017年度調査）。2025年になっても、21年以上稼働している基幹系システムが約6割を占めることになるとDXレポートは指摘している。

レガシー問題は日本だけでなく、世界に率先してIT化を進めた先進国の多くに共通する問題だ。反対に、アジアや欧州の新興国はレガシーシステムがないぶん、早い段階でデジタル化が競争優位の価値を生み出すこと、つまりDX化に成功している。

しかし、古い技術やシステムを使っているということだけで、必ずしも、デジタル化による変身の障害となるわけではない。

日本がレガシーシステムの刷新に他の先進国よりも手こずっている理由は、自社システムがブラックボックス化していて、簡単には修正できない状況に陥っているからだ。結果、レガシーシステムの改新には巨額の費用がかかっている。

たとえば、経産省のレポートには、7年間で800億円かけて50年利用していた基幹システムを刷新した運輸業者、4～5年かけて25年以上利用していた基幹系システムを700億円かけて刷新した保険業者の例などが紹介されている。

なぜ、自社システムの内部構造や動作原理がわからないブラックボックス状態になってしまったのか？　大きく2つの要因があげられるが、どちらも、もとをただせば、日本企業の雇用制度に大きく関係してくる。

「昭和おじさんの暗黙知」に関する考察

最近、ネットで「昭和おじさんの暗黙知」という言葉を見つけた。アフターファイブの飲み会で根回しがされ、会議に出される案件への暗黙の了解ができてしまう。そして、会議では、飲み会に出席しなかった社員には事情がわからないまま、おじさんたちのあ・うんの呼吸で結論が決まる。

こういった現象を、「昭和おじさんの暗黙知」と呼ぶ向きがあるらしい。

昭和の時代の組織には暗黙知が大手を振って闊歩していた。それが情報システムのブラックボックス化にも大きくかかわっている。

もっとも、いくらなんでも、最初からマニュアル化されていなかったわけではない。正確に記述して残さなくてはいけないことはＩＴ担当者にもわかっていた。だが、年月がたつとともに、逐一文章にすることがおろそかになり、知識の多くが属人化して、特定の担当者の暗黙知としてとどまるようになる。

情報システム部の管理のずさんさだけを責めるわけにはいかない。

日本企業が情報システム化において現場の要望を過度に重視したために、システム全体が肥大化や複雑化し、つぶさにマニュアル化することを困難にした。そのうえ、経済産業省のDXレポートにもはっきり書かれているように、「多くの国内企業は終身雇用が前提のために……（中略）……ITシステムに関するノウハウをドキュメント等に形式知化するインセンティブは弱い。そのため、ノウハウが特定の人の暗黙知にとどまっている」。

日本企業が、基幹業務用に情報システムの開発を進めたのは1960年代～1970年代。70年代は、新卒大量一括採用がルール化し定着してから10年たっている。終身雇用、年功序列、新卒一括採用という日本企業特有の人事制度が完成して10年たったころだ。

DXレポートに「ノウハウが特定の人の暗黙知にとどまっている」と書かれた「特定の人」たちは、終身雇用で定年まで会社に残ることが当然のこととみなされていた。IT担当者が転職していなくなることを想定すれば、新しい人に引き継げるように知識やノウハウを明文化しておく必要性が感じられる。だが、終身雇用制では、担当者がいなくなることは想定されていない。

70年代当時としては、初期の情報システムの開発を進めた新鋭エンジニアが定年退職する40年後を具体的に想像することができなかったのだろう。だから、会社としても担当者にしても、マニュアル化が必須業務の一つであるという認識が甘くなる。

強い現場と弱いシステム部門が生むゆがみ

情報システムの複雑化や肥大化も、マニュアル化を妨げる要因となったと書いた。その原因は強い現場と弱い情報システム部門（IT部門）にある。

日本企業が汎用パッケージを使わずに新規にゼロから開発するスクラッチ開発を好んだり、あるいは、汎用パッケージを利用するとしても、自社の業務に合わせて過剰にカスタマイズする傾向が強いのは、すべて現場の要望に応えるためだ。

1970年代に基幹業務用に情報システムの開発を進めたとき、ある程度の規模の企業では、会社組織全体で共通したシステムを運営するのではなく、各事業部がメインフレームを持ち、事業部ごとの業務内容に合わせたシステムが開発された。90年代に、企業の事業活動に必要な基幹業務（生産、販売、購買、経理、人事など）を一つのパッケージで提供するＥＲＰ（Enterprise Resource Planning）を導入する企業が増えてきたときも、多くの日本企業は、追加プログラムをアドオンしたり、パッケージソフトの構造そのものをモディフィケーションして、各事業部に最適なシステムを開発した。

ＥＲＰは、欧米の先進企業のベストプラクティスに合わせて作られた統合業務システムだ。ＥＲＰを導入するということは、あらかじめ設定されている業務プロセスや業務フローなどに自社の業務プロセスを合わせることを前提とする。が、現場は、当然のことながら、自分たちが長年慣れ親しんだやり方を変更することに抵抗する。

こういったとき、日本企業の経営陣の多くは、「現場とよく相談して決めるように」と無責任なことをＩＴ部門に言ったし、今でもそう言う。現場の力が強ければ（そして、たいていの場合、ＩＴ部門よりも強い）、ＩＴ部門は要望を聞かざるをえない。当時のＩＴ部門は、会社創業以来の歴史を持つ現場に比べれば新米部門だ。そのうえ、現場は「欠品が多くなる」とか「お客様から苦情がくる」とか、ＩＴ部門には反撃できない錦の御旗を掲げることができる。

その業務プロセス、固執するほど有効ですか？

トップ経営者の後ろ盾がなければ、ＩＴ部門に勝ち目はない。

そして、多くのトップ経営者は、自分の責任を果たさなかったし、いまも果たしていない。たとえば、ＥＲＰを採用するにあたって、自社の業務プロセスを変えるべきかどうかは、トップ経営者が判断すべき重要項目だ。

ＤＸ化が日本で進まないのは経営者のＩＴリテラシーが弱いからだとよく言われる。経営者はＩＴの技術的なことなどよく知らなくてもよい。だが、自社の業務プロセスが他社との競争において重要な要素かどうかを判断する能力は持ち合わせていなくてはいけない。

①既存の業務プロセスを汎用パッケージが前提とするプロセスに変更したほうが、合理的に無駄が削減できる――。

②自社の業務プロセスは自社独特のものであり、他社との競争において優位性を提供してくれる――。

そのどちらにあてはまるか、生産、販売、購買の各業務ごとに判断しなくてはいけないということだ。

もし、自社の販売業務プロセスが②番目にあてはまるとしたら、たとえ、ERPの利点（国内国外を問わず、すべての業務データをリアルタイムで獲得して分析できる）が損なわれても、他とは切り離して考える。つまり、他の業務はERPに含めるとしても、販売業務だけは自社独自のシステムを維持するべきだろう。

たとえば、トヨタ自動車は、「生産」を競争力の源泉と考えている。「工場における生産を日々改善して、不良率を下げ、生産性を上げ、コストを下げることによって、競争力を強めようとしている」（「情報技術革命と日本的経営の緊張関係－ERPを中心にして」）。

だから、生産業務に汎用パッケージを導入することはなく、システムを自社開発した。世界的に有名な独自の「カンバン方式」を含めた「ジャストインタイム生産方式」だ。

競争優位に立つのに有効な業務プロセスでないのなら、「これまでのやり方と違うから受け入れられない」とする現場の抵抗には、耳をかたむけるべきではない。ERP導入は業務を改革するチャンスだとみなし、「現場とよく相談して」といった無責任な指導ではなく、「汎用パッケージに沿う形で導入できるように現場を説得すること」という言い方に変わるはずだ。

「日本の商習慣に合わせたERPにしてほしい」という現場の意見は、その商習慣というものが、ERPがもたらす利益以上に、自社の競争優位性に貢献するかどうか考える。そうでなければ、その商習慣については取引先と交渉してやめるべきだ。

改革でコストの大幅削減……できない理由

汎用パッケージやサービスを利用すれば、ユーザ企業内から知識やノウハウを持つ担当者がいなくなったとしても、そのパッケージに精通している人材は世界中にいる。ブラックボックス化していないぶん、対応は可能だ。

しかも、汎用パッケージなら導入コストも安くなる。

現場の要望に応えてカスタマイズをした結果、システム構築期間が長くなり、開発費が当初予算の2倍3倍になったという話は巷にあふれている。ＩＴ部門から丸投げされてシステムを構築するベンダーは、現場の要求を聞けば聞くほど売上が上がる。だから、カスタマイズに反対しないどころか喜んで仕事を引き受ける。

ここまで読むと、簡単には刷新できないレガシーシステムを作ってしまった過去の経営陣の無責任さというか長期的観点のなさに、いまさらながら、呆れる読者もいることだろう。だが、当時の経営者の判断を誤りだと一概に切って捨てることもできない。

同情するわけではないけれど、当時の経営者の心理は、ある程度理解できる。

汎用パッケージに合わせて業務改革をして、いくつかの業務プロセスにおける無駄をはぶくのに成功したとして、その結果、生まれた余剰人員はどうするのか？　業務改革して余剰人員ができ、それを削減することができればよい。が、余剰人員をクビにすることができなくて、他の部門に異動させれば、全体としてコストの削減にはつながらない。

つまり、ＥＲＰに自社業務を合わせることで、業務の合理化・効率化を図り、結果、大規模な人員削減をして、一般管理費や販売費の削減をはかる……なんてことができないのであれば、業務改革をしても仕方ないのだ。

終身雇用制度に縛られていた当時の経営者にしてみれば、ＥＲＰの利点は、それほど魅力的には見えなかったかもしれない。

ＥＲＰの価値を生み出すためには、業務改革をする前に、まず、終身雇用制を含めた自社の雇用制度を変えなくてはいけない。しかし、第2章と第3章で説明するように、日本企業の経営陣には現状維持バイアスが強かった。そのうえ、同質性集団であったため前例を変えることへの抵抗が強かった。二重の意味で、当時の日本の会社組織には、雇用制度を変えるような変革者の居場所はなかったと言える。

外者排除の心理が「丸投げ」につながる

日本企業のレガシーシステムのブラックボックス化には、ＩＴ関連の仕事をベンダー企業に丸投げしてきた歴史も大きく関係してくる。

日本企業が、ＩＴシステムをベンダーに任せるようになったのは90年代ごろからで、その結果、日本では、ユーザ企業よりもベンダー企業のほうにＩＴエンジニアの多くが所属するようになっている。

日本ではＩＴエンジニアの7割がシステム・インテグレーター（ＳＩｅｒ）やベンダー側に在籍する。米国は、その反対で、社内に7割近いエンジニアが在籍、ドイツやフランスでは

6割、英国では5割のエンジニアが社内に在籍している。先進国のなかでも、日本の外部依存の大きさがきわだっている。

そもそも、日本企業はどうしてITシステムをベンダーに丸投げするようになったのか？原因を調べてみると、米国でIT業務のアウトソーシングが採用されるようになった80年代末に、その実態がちょっとゆがめられて大げさに日本に伝えられたという経緯があるようだ。

1989年、米国のイーストマン・コダックが、IBMを含めた3社にコンピュータシステムの管理運営をまかせるという10年に及ぶ2億5000万ドルの大型契約を発表した。それまで、コダックのような大企業はすべてを自前でまかなうことが前提となっていたので、財務的に健全な会社が情報システムを大規模アウトソーシングするということで話題になった。

コダックは情報システム費用を半減することができ、コア事業に経営資源を集約することが可能となると発表した。構造改革の一環としてアウトソーシングすることで競争力を高めることができるという説明を、市場も好感を持って受け入れ、株価も上がった。

これをきっかけとして、米国において、アウトソーシング市場が急速に成長するようになる。

この契約は、日本でも話題になった。が、この時、アウトソーシングが「人員削減」や「丸投げ」という言葉で報じられた。たしかに、コダックの情報部門から300人ほどがIBMに移籍したのは事実だったが、これは情報システム部員全体の4分の2で、残りの900人はイーストマン・コダックに残った。アウトソーシングされたのは、ホストコンピュータのシステム開発、運用、通信ネットワークやパソコンの維持管理であり、情報戦略立案、要件定義、保守はコダックの情報部門が引き続き担当した。

情報戦略をつくるコアの部分はイーストマン・コダックに残されたわけだ。

だが、日本では「丸投げ」という言葉が強烈な印象を与えたようだ。

日本では、戦略を立てるというコアな部分まで含めたITシステムの丸投げが多くなり、92年に日本イーストマン・コダックが情報処理システムを日本IBMに全面委託した時には、朝日新聞（92年12月2日）に次のように報じられた。

「日本IBMは1日、日本コダックのコンピュータシステムの運用・管理を10年間、丸ごと引き受ける契約を同社と結んだと発表した。アウトソーシングと呼ばれる事業で、日本コダックは、日本ＩＢＭに自社のコンピュータなどを売却し、情報処理を全面委託する。景気の減速で情報化投資を見直す企業は多く、経費が削減できるアウトソーシングに踏み切る動きはさらに広がりそうだ。アウトソーシングは、80年代後半、米国で登場した。89年、日本コダックの親会社、米イーストマン・コダックは米ＩＢＭなど3社に、従業員もろとも情報システム部門を売却し、大幅な経費削減に成功したことから急速に広まった」

日本企業が「丸投げ」という言葉に魅了されたのは、終身雇用制度とＩＴとの相性の悪さが、すでに、当時から感じられていたからだろう。相性の悪さを異なる観点で説明すれば、同質性の高い集団だった日本企業にとって、ＩＴ人材やＩＴ部門は異質すぎた。働き方や給与体系はむろんのこと、考え方や感じ方も自分たちの内集団にはすんなりと入ってこられないところがあった。無理に内集団のメンバーにすれば、内集団の同調性を乱す可能性があるとみなされた。

こういった矛盾を解決するには、ＩＴ部門を外に出す。つまり、外集団として取り扱うのが一番よいと経営陣が考え、米国でもそうしている（本当はしていなかったのだが）のだから問題ないと、自分たちの「丸投げアウトソーシング」を正当化した。

IT化と終身雇用は相性が悪い

1970年代のオイルショック後の低成長期に入ると、終身雇用制や年功序列制を維持することが難しくなってきた。成長が減速した事業において、余剰人員を雇用しつづけること、あるいは、一定の年齢になったら何らかの役職に就ける約束ごとを守ることが難しくなったわけだ。そのため、成長の望める事業部やグループ内の子会社に従業員を移動する動きが活発化した。

バブル期の80年代、90年代になると、余剰資金を元手に新規事業に進出する多角化が進み、新規事業部や子会社の乱立が進んだ。この時、日本企業は外部の人材を雇用するよりも、まず第一に企業内部の人材利用を優先した。「多角化の際に外部資源を機動的に活用していくという欧米式の方法を採用してこなかった理由は、雇用維持が守るべき基本事項となってきた歴史があるからだといえよう」(「日本企業の新規事業進出と準企業内労働市場」)

労働移動といっても、人事部の人間を企画部に移したり、営業部に移したりすることはできても、情報システム部に移すことは、（再教育をするとしても）さすがに無理がある。だからといって、余剰社員を削減しないのだから、新規のＩＴ人材を大量に雇うことはできない。しかも、70年代のメインフレーム時代に雇った人間には、新しいＩＴテクノロジーの知識やノウハウがない。だから、最新の知識を持ったベンダーに全面的に頼るほうが効率がよいということになる。

ちなみに、労働市場に流動性がある米国の場合は、どうなるか？

たとえば、ＥＲＰ導入のような大規模プロジェクトに合わせて技術者を社員として抱え込めば、システムが出来上がり保守運用の段階となると大量の余剰人員が発生する。しかし、ここはよくしたもので、優秀なエンジニアは、保守・運用の仕事には興味がなく、もっとチャレンジができるプロジェクトを提供する会社に移りたいと考えるし、他社に移ることは簡単にできる。

労働市場に流動性がない日本の場合は、最近まで、エンジニアが転職することはむずかしかった。チャレンジングな開発の仕事が終わると、やりがいがないと感じる保守運用の仕事をせざるをえない。そして、その後、レガシーシステムを保守運用していたＩＴ人材が引退していく一方で、若い人材は、古いプログラミング言語や遅れた技術で構成されているレガシー・システムの保守運用にはかかわりたくない。あるいは、また、古いプログラミング言語や汎用機に関する知識を持っていない。

よって、ますます、ベンダーに頼らざるをえなくなる。

このように、終身雇用制度とITとの相性は非常に悪い。だから、ベンダーへの丸投げがずっと行われてきたわけだ。

無意識のうちに内集団の同質性を守る

だが、結局のところ、世界的なIT人材不足が現実問題になってくれば、あるいは、競争優位に立つためにDXで新しい価値を生む必要が出てくれば、IT部門は他の部門とは事情が違うとして、年俸1000万円以上で外部の人間を雇う会社が出てくる。そういった会社が増えてくると、これまでの給与制度における平等主義をあっさり捨て去り、我も我もとIT人材を従来の雇用制度から外した形で雇用するようになる。

なんだ、やろうと思えばできるんじゃないか……と思った人も多かったはずだ。

しかし、事ここにいたっても、ＩＴ人材は、ある意味、外者《そともの》扱いだ。外者だけど、自社で雇わなくてはいけない。だが、内集団のメンバーとはちょっと違う。だから、「従来の雇用制度から外した形で雇用する」。このように、日本企業は無意識のうちに、内集団の同質性を守ろうとする。

ＩＴ化を進めるにあたって障害となる終身雇用制を変えなくては、新卒一括採用をやめなくては、組織の多様性を進めなくては……と考えても実行はできなかった。変えようとすれば変えられたはずだ。だが、同質性が高いがゆえに、集団思考や前例主義が闊歩するようになり、いったん、デファクト化された（事実上の標準となった）制度を変えたりやめたりすることは難しくなる。

いずれにしても、真の意味での改革（この場合は人事制度の改革や業務プロセスの改革）をしないで、その時その時の問題に対処して情報システムを改善してきたのが「失われた30年」の実態だ。

第2章

男らしく、リスク回避的は宿命か

経営者も従業員も変わりたくない日本企業

日本の経営陣の現状維持志向が強いことは、バブル後の30年間の経営の実際を見れば明らかだ。売上を上げることなく、コスト削減で利益を出すことに徹した。財務報告の損益計算書の数字が、日本企業の経営陣の現状維持志向を示す最も具体的で説得力ある証拠となる。

それでも、一応、よく引用される世界的調査の結果も紹介しよう。たとえば、スイスのビジネススクールＩＭＤが発刊している「世界競争力年鑑」では、３３６の項目に基づいて64カ国の競争力がランクづけされる。日本の競争力低下を顕著に示す例としてよく引用されるので、ご存知の読者も多いだろう。

ランキングの公表が開始された１９８９年からバブル終焉後の92年まで、日本は4年連続1位の座にあったが、それから毎年のように順位を落とし、最新の23年版では35位となっている。どの項目の評価が低いかを見てみると、大項目では、たとえば、「経済実績」26位、「インフラ」23位に対して、「政府の効率性」42位、「ビジネスの効率性」47位で、この2項目の評価が低く、ランキング低下の要因となっていることがわかる。

「政府の効率性」に関しては政府に考えてもらうとして、「ビジネスの効率性」の中身を見ると、「生産性・効率性」54位、「取り組み・価値観」51位と低い数字が続くが、そのなかでも「経営プラクティス」は62位で世界64カ国中の下から3番目となっている。

「経営プラクティス／経営の実際」の項目のなかには、「会社のアジャイル性（機敏性）」、「企業の意思決定の迅速性」、「機会と脅威への素早い対応」、「市場の変化の察知」、「経営陣の起業家精神が会社全体に広く行きわたっている」など、経営陣のプロアクティブな対応を重要視した項目が含まれる。

「経営プラクティス」の評価が下から3番目ということは、日本の経営者が先を見越した迅速な対応をしていないということであり、現状を変えようとする意志が弱いことが推測できる。

「失敗への恐れが新規ビジネスを立ち上げることを躊躇させる」と答えた経営者の割合も、「経営プラクティス」の項目に加味される。この数字が2021年、2022年ともに、50％近くだったことが、いまもつづく日本の経営陣の現状維持志向を表している。

ついでに、日本の労働者も、経営陣と同じく現状維持志向が強いことを示す最近の調査結果を紹介しよう。

オランダに本拠を置く世界的人材サービス会社ランスタッドが、2022年に、世界34カ国で働く18歳〜67歳の従業員や個人事業主など3万5000名を対象とした調査だ。

世界の調査対象者の約半数は「仕事が人生を楽しむ妨げになるなら辞める」と答えているのに対して、日本人の従業員は幸せになれない仕事への耐性がもっとも高いグループに属している。「仕事で不幸になるなら無職のほうがよい」と回答した日本人は15％と最下位（世界平均33％）。

また、世界の労働者が成長意欲を強く持っているのに対して、現在の雇用先でのキャリアアップを望んでいるのは29％と最下位（世界平均40％）。現在の雇用先以外でのキャリアアップを望んでいるのも、わずか21％。

日本の労働者は、「今のままでよいという現状維持を求める志向があるのが特徴だ」と分析されている。

明晰なエリートほど無自覚な認知バイアス

日本の経営陣も従業員も現状維持志向が高いことを示す調査結果を紹介した。が、ここで、志向という言葉を使うのは間違っている。辞書を調べると、志向という言葉は「意識が一定の対象に向かうこと。考えや気持ちがある方向を目指すこと」と定義される。

しかし、経営者も従業員も自分たちが現状を維持していることを明確に意識しているわけではない。多くは無意識のうちに現状維持の態度や行動をとっているだけだ。「現状を肯定しているのですか?」と聞かれれば、多くが「とんでもない」と否定することだろう。

無意識のうちに、「外から力が働かなければ、静止または等速運動をつづける」という慣性の法則に従っているだけだ。

「何かが動かなければ、何も起こらない」というアインシュタインの言葉は、物理的世界だけではなく人間世界にも通用する。だからこそ、現状維持の失われた時代が30年もつづいてきたのだし、下手をするとまだつづく可能性があると懸念されるわけだ。

いずれにしても、現状維持志向ではなく、行動経済学で言うところの認知バイアスの一つである「現状維持バイアス」という言葉を使ったほうが正しいだろう。

「認知バイアス」といった言葉を聞くだけで、自分には関係ない話だと興味を失う人が多い。とくに、管理職クラスの人たちは、コンビニでの購買決定はいざしらず、経営に関する重要な意思決定では、100%論理的に考えたうえで合理的判断をしており、認知バイアスなど自分には無関係だと思い込んでいる。

筆者は2000年代半ばごろ、認知バイアスを人間行動、とくに消費行動の分析に採用する考え方について、ビジネスパーソンを前に講演することが多かった。そして、あることに気がついて、人間心理のダブルスタンダードぶりに、ちょっと驚いた。

「人間には認知バイアスというものがある」と話しているわけだが、目の前の聴衆は「消費者には認知バイアスがある」と理解する。そして、「なるほど……、だから、消費者は高いものは高級だと思い込むんだ」とか、「だから、残り50個と言われると、消費者のその商品に対する知覚価値が上がるんだ」とか、「だから、ストーリーのある商品は売れるんだ」とか納得してフンフンうなずく。

ところが、「あなたにも認知バイアスはあるんですよ。だから、ビジネス上の意思決定をするときは、自分はなぜそう判断するのかと自問する習慣をつけてください」と話すと、他人はどうだか知らないが自分は大丈夫と考える。とくに、上級管理職にはその傾向が強い。

管理職の大半が一流大学卒の頭脳明晰で優秀な人たちだろう。世界の新しい潮流にも敏感で、ビジネス書などもまめに読んでいる人が多い。こういった人たちが間違った判断を下して失敗するのは、自分では気づかないうちに、感情やその他の認知バイアスに影響を受けているからだ。だが、皮肉なことに、エリートだからこそ、自分に無意識の領域があることなど信じられない。自分の認知プロセスにバイアスがかかっていることなど絶対にありえないと考える。

それが間違いのもとなのだ。半ば無意識のうちに、過去のしがらみ、過去の成功体験、特定の人物やプロジェクトへの感情的つながり、こういったものに影響されて不合理な判断をしている例は世界中に多々見られる。

バブル崩壊後の日本企業の破綻、不正・不祥事、社長交代といった出来事の裏にも、関係者の認知バイアスが大きくかかわっている。

コンサルタント会社マッキンゼーは「優良企業の優秀なマネジャーの重要な戦略的決定

に、認知バイアスが影響を与えていることを示唆する多数の調査結果があり」、マッキンゼーの独自調査もそれを確認したと報告している。また、ビジネス誌ハーバード・ビジネス・レビューでも、2000年代に入って、ビジネス上の意思決定における認知バイアスに関する記事が頻繁に取り上げられるようになっている。

社長の周囲に、イエスマンが集まる科学的必然

行動経済学という新しい学問を創設したのは、ダニエル・カーネマンとエイモス・トゥヴェルスキーという2人の認知心理学者だ。この2人が1970年代初めに発表したいくつかの論文によって、「認知バイアス」という考えが広く知られるようになった。

人間は、まわりの環境から刺激（情報）を五感を通して取り入れ、その情報を評価したうえで意思決定をして行動する。認知とは、対象となる事物や事情について「知る」ことであり、知るためには情報を「知覚」「記憶」「学習」「思考」といった認知プロセスで処理することが必要となる。人間の脳の情報処理能力には限りがあるうえに、情報処理をなるべく簡単にスピーディにしなければいけないという事情もある。そのため、事実をゆがめて把握した

り、非論理的な解釈をしたりすることがある。結果、不合理な判断をする傾向が人間にはある。合理的判断基準から逸脱する現象には一定のパターンがあり、これを認知バイアスという。

……というのが、行動経済学における認知バイアスの定義だ。

人間が情報を取り入れる段階において、脳の容量には限界があるためＡＩのようにすべての情報を取り入れて処理することはできない。よって、自分にとって意味のある情報だけを取り入れる。「確証バイアス」と言われる認知バイアスがここに登場する。

たとえば、「これからは夏に温かいドリンクを飲むことが流行るのではないか」と、新商品開発部長の直感がひらめいた。そうなると、新聞、雑誌、テレビ、ＳＮＳなどを見ていても、「夏に身体を冷やすと病気になる」「暑いときでも温かいものを好む高齢者が増えている」などという記事につい注目してしまう。こういった記事とは真逆の記事や説があっても、つい無視してしまう。よって、「やっぱり、世の中、自分が考えているような流れになっている」と思い込んで、新商品企画を進める。

確証バイアスは、社長が自分のまわりにイエスマンばかり集めてしまう結果につながることもある。選択肢3つのうちどれがベストか、社長は執行役員を集めて決定することにした。自分は2番目の案が良いとなんとなく思っているが、部下の意見も聞いて最終判断をするのが優れた上司だとも考えている。だから、先入観なしに会議に臨もうとする。

だが、部下のなかには、社長の日頃の言動からして2番目の案に決めたいのだろうと察知している者もいて、率先して、2番目の案を推す。自分の考えと同じ意見を耳にした社長は、自分と同じ案に賛同しているということだけで「思ったより仕事のできるやつだ」と発言者を好意的にみなす。その場での社長の無意識の反応を見て、他の役員の数人も2番目の案に賛成する。結果、2番目の案が会議で多数決で公平に選択された……と社長は思う。

「確証バイアス」と「忖度《そんたく》」のタッグが5年以上つづくと、社長のまわりにはイエスマンばかりが集まるようになる。

確証バイアスは、自分がすでに持っている先入観や仮説にとって都合のいい情報ばかり集めてしまい、反証する情報を無視する傾向をいう。

確証バイアスの例でもわかるように、「無意識のうちに」とはいっても、自分の判断が正しいかどうかをじっくり批判的に分析してみれば、自分が陥ったバイアスに気づくこともできる。だが、多くが、時間的制約や自分の能力への自信過剰といった理由から気づきのないまま判断してしまう。

認知バイアスに陥る原因として、①脳の容量や処理能力の限界、②情報処理過程を簡単かつスピーディにするため……といった要因を挙げた。

この2つの要因だけではなく、感情によってバイアスがかかることも多々ある。脳のなかで感情が生まれる場所と認知処理がなされる場所とは領域が異なるので、認知バイアスと感情バイアスを分ける学者もいる。

損失回避性という最大級のバイアス

「損失回避性」というバイアスは、恐れの本能的感情から生まれるもので、認知バイアスのなかでも最大級の力を発揮する。そして、これこそが、現状維持バイアスをもたらしている最大要因だとみなされる。

すべての選択肢において、それが「現状」となっているときには、それ以外のときに比べて選択される傾向が非常に高い。さらに、選択肢の数が多くなると「現状」が選ばれることが非常に多くなる。

このことを最初に実験で証明した行動経済学者サミュエルソンとゼックハウザーは、「企業の慣習的な方針に従う、現職をもう一度再選する、同じブランドの商品を買う、同じ職場にとどまるといった例のように、人間は新しい選択肢に直面した場合、現状の選択肢に固執する傾向がある」とした。

現状維持バイアスに陥る理由として、サミュエルソンとゼックハウザーはいくつかの理由を挙げた。たとえば、「移行コスト」。他の選択肢を探したりそれに関する情報を集めるには時間や経費がかかる。また、新しい選択肢に移行するためには新たな経費がかかることも多い。だが、「移行コスト」以外の多くの理由は、人間が持つ「損失回避性」という認知バイアスにまとめることができる。

たとえば、新しいことにチャレンジして、「やっぱり失敗した」と後悔したくないので現状を維持するという「後悔回避」の心理は、結局は、損（失敗）をする可能性を避けたいわけだから、「損失回避性」と同じとみなされる。

認知バイアスの存在を広く知らしめたカーネマンとトヴェルスキーは、１９７９年に「プロスペクト理論：リスク下における意思決定の分析」という論文を発表している。カーネマンが2002年にノーベル経済学賞を受賞したきっかけとなったこの論文は、「損失回避性」というバイアスを一躍有名にした。

人間は損失を利得より過大評価する。損失は同等額の利得の2倍から2・5倍に感じられる。よって、損失をともなう選択は、たとえ、それが同等あるいはそれ以上の利得をともなうものでも回避する。こういった心理傾向を、プロスペクト理論では「損失回避性」と名づけた。

経営者の本能的感情が新規投資を妨げる

損失の価値を同等額の利得の価値よりも大きく感じるという不都合なことが、なぜ起こるのか？　それは、このバイアスが恐れという本能的感情に影響を受けているからだ。この現象をカーネマンは、次のように説明した。

「人間は、自分がいま持っているモノを失うことに恐怖心を感じます。その可能性が非常に低くても可能性があるというだけで、恐れを抱くのです。その恐れの感情が論理的思考を妨げるのです」

だから、現状から足を一歩踏み出すことができなくなる。

いま持っているモノを失うことへの恐怖心から現状がよほどいやでない限り、変化を選択することを躊躇する。変化することは素晴らしい未来をもたらすかもしれない。だが、現状より悪くなる可能性がある。たとえその確率が低くても、現状がよほどひどいものでない限りリスクをとりたくないと思うのがほとんどの人間だ。

まさに、冒頭に紹介した日本の従業員の現状維持バイアスを的確に説明している。いまの仕事に満足しているわけではない。不満はいっぱいある。しかし、転職しても、いまの仕事より満足度が高まる保証はない。現状は少なくとも毎月給料は入ってくるし、職場の人間関係がそれほど悪いわけではない。リスクをとって失敗するよりはいまの仕事をつづけたほうがよいかもしれない。

投資をしないで内部留保を積み重ねつづけた経営者は、「これなら絶対大丈夫と言える投資案件が見つからなかった」とか、「不確実性の高い経済環境においてまさかのための資金を取っておくことが必要だった」……等々、正当化できる理由はいろいろあっただろう。

だが、結局は、失敗するのが怖かったのだ。新しいことをするために投資をするとして、失敗するということは、いま会社が持っている資金や評判を失うことだ。会社だけではない。自分の評判・名誉や社長という地位すらも失うかもしれない。

前述したＩＭＤのアンケート調査にもあったように、日本の経営者は失敗への恐怖心が高い。それが現状維持バイアスをもたらしてきたのだ。

恐れを感じた脳による瞬時の指令

損失回避性は、脳のなかでも進化的に古い領域「大脳辺縁系」から生まれる恐れの感情に大きく影響される心理傾向だ。自分がそれに影響されていても、すぐに意識する（気づく）ことはむずかしい。なぜなら、大脳辺縁系で起こっていることを私たちは意識できないからだ。そこで生まれた本能的感情が、進化的に新しく高次の認知活動に携わる大脳新皮質に伝わって初めて、自分が恐怖を感じていることを意識できるようになる。

大脳辺縁系から生まれる本能的恐怖心は自分の身を守るための感情だ（心理学では意識できる感情と区別して情動という）。脳は恐れを感じれば、脳の所有者を危険から遠ざけるために、本人が無意識のうちにノルアドレナリン(神経伝達物質)を放出して素早く逃走できるよう準備する。ノルアドレナリンのせいで、人間は今でも恐怖心や不安を感じると、動悸、息苦しさ、血圧上昇、発汗などを感じる。

太古の昔の危険は毒蛇や野獣だから、ノルアドレナリン放出という対応でよかったが、ストレスなど現代の抽象的な危険にはそぐわない。パニック障害などを起こす原因ともなっている。

脳は基本的構造が変化するのではなく、新しい機能が付加する形で進化した。たとえば、魚類と両生類の大脳には、生存に必要な本能的感情や記憶をつかさどる大脳辺縁系しかない。鳥類や哺乳類になると、大脳が発達して新皮質が出現する。霊長類になると、新皮質が大脳の90%以上を占め、高度な認知活動ができるようになる。

大脳辺縁系と新皮質は絶えず情報のやりとりをしているが、辺縁系から新皮質に送る情報量のほうが圧倒的に多い。つまり、辺縁系は論理的思考をつかさどる新皮質に対して大きな影響力を持っているということだ。

生存率を高めるための霊長類の共通記憶

損失回避性を進化心理学や生物心理学は次のように説明する。

いま持っているものを失う恐怖心は、人類には共通記憶として遺伝されている。20万年前にアフリカのサバンナに住んでいた私たちの直接の祖先は、1万年ほど前に農耕生活を始めるまでの19万年という気の遠くなるような長い間、ずっと飢餓と闘っていた。群れを組んで狩猟採集生活をしていた遠い祖先の次のような状況と心理を想像してほしい。

乾期がつづいて、30人からなる群れに残っている食べ物は芋のような根っこが50個だけ。最後に肉を食べたのは30日前だ。飢え死にするのを待つよりは……と、若い男10人が狩りに出るという。だが、腹が減っては戦ができぬから狩人に根っこを3個ずつ配給してほしい。カモシカかキリンを必ず仕留めて帰る。そうすれば、30人全員がひとかたまりの肉を食べることができる——。

こう提案されて残りの20人は考えてしまった。自分たちの手元に残るのは根っこが20個。各人が1個の根っこで食いつながなければいけない。だが、うまくいけばタンパク質である肉がひとかたまり食べられる。

いまで言えば、おいしい投資話だ。だが、飢えを恐れる人間にしたら、おいしくない。カモシカを仕留める確率が5割あるとしても、5割の確率で失敗する可能性もある。もし失敗したら、自分の手元に残るのは1個の芋のような根っこだけ。乾期がつづけば死が現実的なものとなる。狩りの成功率がたとえ8割だとしても、2割の確率で失敗する可能性がある。失敗の可能性がたった2割、いやたった1割でも、自分の死と天秤にかけることはできない。

恐怖心が失敗の可能性（確率）、損失の可能性の割合を大きく感じさせるのだ。

こういった記憶が深く刻まれて遺伝し、私たち現代人の意思決定や行動に無意識のうちに大きな影響を与える。

投資家も経営者もオマキザルも、損失回避性に影響される

現代の投資家たちの間でも損失回避性は大きな影響力を持っている。

株式投資では買うときよりも売るときの決断をするほうがむずかしいという。なぜなら、人があるものを所有しているとき、それを所有していない場合よりも高い評価を与え、手放

すことは損失だと感じるようになるからだ。これを、行動経済学では「保有効果」と呼ぶが、こういった行動心理傾向も損失回避性バイアスから生まれる。

たとえ利益が出るとしても、売却は損失と感じられ、購入することは利得と感じられる。だから、買った値段より2倍くらいは高くなければ売りたくないと思う。だから、売って利益を確定することがなかなかできない。損失が出ていればなおさらのこと。長期的に持っていても上がる可能性はない、損失が膨らむばかりだと理性ではわかっていながらも、実際に損を出したくないばかりに、「塩づけ」と呼ばれる長期保有をだらだらつづけてしまう。

プロの投資家でも損失を回避するために非合理な行動をとってしまうのだ。

損失回避性から生まれる現状維持バイアスという認知バイアスの縛りからは、理性的判断を期待される経営者ですらも解き放たれることはむずかしい。これが、「失われた30年」をもたらした。

２００９年に、日本の製造業史上最大の赤字額を出した日立製作所を、大胆な構造改革でよみがえらせた川村隆氏は「日本人は傾向として現状維持が好きです。現状でもなんとかできているモノを変えようというのは、よほどのことがないとやらないでしょう」と語っている。前述したように、安倍晋三元首相も「日本人の面白いところは、現状変更が嫌いなところなのです」と語っている。

だが、現状維持バイアスは日本人だけのものではない。損失回避性は人類の共通記憶として遺伝しているのだから世界共通の性向だ。世界53カ国の損失回避係数を算出した調査がある。損失回避係数とは、損失が利得より何倍大きく評価されているかを示す数字だ。行動経済学では、同額の利得と損失でも、損失は利得の2倍から2・5倍に評価されることが証明されたと書いたが、この2とか2・5の数字が損失回避係数だ。

プロスペクト理論と同じやり方で算出された世界53カ国の損失回避係数を見ると、53カ国各国の損失回避係数の平均は2・0だった。これは、カーネマンとトヴェルスキーの論文の実験結果の2・25に沿っている。なおかつ、損失回避係数の中央値は53カ国中の50カ国において1・0以上なので、損失を利得よりも大きく評価するのは世界で普遍的に見られる傾向だということも明らかにされた。

人類と共通の祖先を持つサルも損失回避性を持っていることを明らかにした実験もある。イエール大学の経済学教授が知能レベルが非常に高いとされるオマキザルをつかって、リンゴをチップと交換する取引のなかで、サルがどの取引相手を選択するかを分析し、サルにも損失回避性があることを見事に証明した。

オマキザルは進化的に人間と枝分かれしたのが4000万年前だと推測されている。オマキザルは寝る以外の時間はほとんど食料を探すのに費やす。そうでなければ生きていけない。毎日が死との闘いという環境に生きる知的動物にとって、得ることよりも損をすることを避けることのほうが、生存率の上昇に直結していたのだ。

なぜ戦後の日本人はチャレンジできたか

2000年代に行動経済学が脚光を浴びるようになるとともに、世界各国の損失回避性を調べる研究が多々実施されるようになった。そして、どれも似たような結果を得ている。どの研究も損失回避性の算出方法は同じで、プロスペクト理論の基となった質問紙法の追試実験となっている。

各国の著名大学の経済学者がビジネスを専攻している大学生を被験者として、ギャンブルのようなくじに関しての質問をする。くじに当たる確率、当たらない確率は50－50％で、当たらないと25ドル損することになる。当選した場合にいくらもらえるなら、このくじに参加するか？と尋ねて、25ドルと答えた人は、損失と利得を同等に評価しているということだ。だが、ほとんどの人が25ドル以上の金額を要求するだろう。

各国の被験者全員が答えた金額データから損失回避係数を算出する。係数が1・0なら被験者が損失と利得を同等に評価しているということ。係数が2・0ということは、被験者が損失を利得よりも平均して2倍大きく評価しているということになる。

前述したように、調査の結果はどれも変わらず、損失を利得よりも高く評価するのは世界に普遍的な傾向であることが証明された。他にも明らかになったことがある。

GDP（国内総生産）比較して、経済的に豊かな国のほうが、貧しい国よりも、損失を利得よりも大きく評価することだ。

富裕国のほうが開発途上国や新興国よりも損失回避性が高いと聞くと、「反対ではないか？」と思うかもしれない。だが、「人間は持っているものを失うことに恐怖心を感じる」というカーネマンの発言を思い出してほしい。持っているものが少なければ、失うことへの恐怖心は大きくない。

たとえば、戦後の何もかも失った焼け野原の日本。これ以上何も失うものがないとき、人間は、失敗して何かを失うことを恐れず果敢にチャレンジできる。高度成長時代をもたらしたころの日本人の脳内には、不安や恐れよりも、やる気満々の高揚感をもたらすドーパミンやノルアドレナリンといった脳内化学物質（神経伝達物質）があふれていた。同じような現象を、２桁台のＧＤＰ成長率もあった40年〜10年前の中国にも見ることができた。

いずれにしても、損失を同等の利得の何倍に評価するかという数字だけでは、日本企業の損失回避性の傾向を説明することはできない。だが、日本社会の文化や価値観の観点から見ると、日本企業の損失回避性、ひいては現状維持バイアスの特異性を明らかにすることができる。

国民文化と損失回避係数との相関性

世界53カ国の文化やその価値観と損失回避性バイアスとの相関関係を調べた論文があるので紹介する。２０１７年に、ドイツの行動科学者やスイスの金融経済学者たちが発表した「The Impact of Culture on Loss Aversion（損失回避性への文化の影響）という論文だ。執筆者たちは調査研究を始める前に次のような仮説を立てた。

損失回避性をもたらすのは恐れの本能的感情だ。感情というのは文化によって制御・調整されることは以前からよく知られた事実だ。自分の感情をあけっぴろげに見せる社会もあれば、日本のように抑制しようとする社会もある。損失回避性と文化の関係を調べることで、その社会の損失回避性の実態への理解が進むのではないか――。

そういった仮説をもとに、「ホフステードの国民文化モデル」のスコアと損失回避係数との相関関係を計算した。

そして、日本は「男らしい」文化や価値観を持った社会だから損失回避性バイアスが高い、という驚くべき結論が導かれている。

結論に行く前に、まず、ホフステードのモデルについて、簡単な説明をする。

オランダの社会心理学者G・ホフステードは、1960年代の後半から、IBM全社員50カ国の従業員約11万7000人にアンケート調査をして、国ごとあるいは文化ごとの価値観の違いを明らかにした。その後、国の数や調査対象者、調査内容を増やした追加調査が50年以上つづけられ、国ごとの文化の違いを、たとえば、「個人主義／集団主義」、「男らしい／女らしい」、「権力格差」「不確実性の回避」「長期志向／短期志向」「人生の楽しみ方」といったように6つの次元で比較できるモデルが作成された。

「ホフステードの国民文化モデル」は、最も信頼のおける異文化調査として、現在でも、学問だけでなくグローバルビジネスの領域においても広く利用されている。

「男らしい国」ほど損失回避性が高い

ホフステードがモデル化した文化や価値観の違いが、各国の損失回避性の高低にどのくらいの影響を与えるかの研究では、まず、世界53カ国各国の損失回避係数が算出された。そして、ホフステードの6つの次元のうち4つの次元と損失回避性との相関関係を調べた。結論として、個人主義の強い国、権力格差の大きい国、男らしい国は損失回避性が高いということを明らかにした。

日本に関係してくるのは、「男らしい／女らしい」の次元だ。なぜなら、ホフステードの調査によれば、日本社会の「男性らしさ」を示すスコアは96で76カ国中2位と高い。1位はスロバキアで、中国とドイツと英国は11位、米国は19位となっている。反対に「女らしい」国とされたのは、ノルウェー、スウェーデン、デンマーク、フィンランドといった北欧の国々だ。

男らしさが強い傾向の社会（スコア55－100）では、社会的に成功することが重視される。また、男女の社会的役割を区別しようとする傾向があり、「男らしい」「女らしい」という表現でものごとを解釈することが多々ある。

「男らしい」社会とは、性別の社会的役割が明確に区別されている社会で、父親が収入を得て家族を養い、母親が家族の世話をすると考えられている。男性は家庭外での業績、つまり仕事における出世や収入に関心があり、自己主張が強く競争好きでたくましくなければいけないと考えられている。女性は家事・育児・人間関係に関心があり、男性に比べて謙虚で優しく生活の質に関心を持っているはずだと考えられている。反対に、「女らしい」社会では、男も女も謙虚で優しく生活の質に関心を払い、両親は収入を得る役割と家事をする役割を分かち合う。

男らしさが強い国は損失回避性との相関関係が高い。男らしさが高い国ほど損失回避性バイアスが高くなることを証明した論文の筆者たちは、その理由を次のように分析している。

人間関係や他者との助け合い、生活の質といった目標に重きを置く「女らしさ」と比較して、富とか業績や成功といった自分のプライドを満たす目標に重きを置く「男らしさ」のほうが競争心や攻撃性が強く、目標基準が高く、不安からストレスも増え、結果として、損失に敏感になり、損失への適応や許容ができなくなる。だから損失回避性が高くなる——。

競争心と攻撃性が出世欲に向けられる

日本の会社は基本的に男社会だ。そこで働く男性社員を例に考えてみれば納得できる。同期の仲間より出世したい、少なくとも遅れをとりたくないという目標。そのために業績を上げなくてはいけない。同僚と比較して自分だけが遅れられない環境において、失敗は致命傷だ。

だから、利得（成果）を得ることよりは、損失（失敗）を避けようとする心理になる。経営者も同じ心理だ。前任者より業績が悪化することだけは避けなければいけない。大きな改革をしたり投資をして成果を上げることはなかなかむずかしい（成功確率は低い）。それよりも、失敗をしないこと、売上を上げるよりもコスト削減で利益をある程度上げることがベストな戦略だ。

「男らしさ」の特徴である競争心、攻撃性、自己主張などと、損失回避性バイアスとは、一見、そぐわない感じがする。が、逆に、そういった特徴の背後にある業績、出世、名誉、評判への達成欲求があるからこそ損失を恐れるというのは、ある意味、人間心理の真理をついている。

ホフステードの文化モデルで、もう一つ、日本に関係してくるのは「不確実性の回避」の次元だ。社会やそこに住む個人が、あいまいな状況や未知の状況に対して脅威を感じる程度と定義される。

仕事に限って言えば、不確実性を回避しようとする社会では、仕事で緊張したり神経質になる傾向があるので職場でストレスを感じる人が多い。転職は未知のものに賭けることになるため、あまり一般的でない。もっともな理由があれば規則を破ってもよいという理由は受け入れられないことが多い。なぜなら、そういった考え方は、あいまいさを生み、誰もが好き勝手に始めれば、何が起こるかわからないと考えるからだ。まさに、日本の職場でよくある光景を描写しているかのようだ。

不確実性回避スコアが高い国は、損失回避性も高いはず……ということで、損失回避係数との相関関係が算出された。確かに、その傾向は見られたが、「男らしさ／女らしさ」ほどには統計的に頑強とは言えなかった。

ちなみに、日本は「個人主義の強弱」では76カ国中35位、「権力格差の大小」では76カ国中49位でどちらも中ぐらいだった。

現状維持バイアスを生む脳の仕組み

日本人の、ひいては日本企業に働く人たちの損失回避性（ひいては現状維持バイアス）が強い2番目の理由を紹介する。そのためには、まず、最初に、損失回避性をもたらす脳の部位「扁桃体《へんとうたい》」の説明をしなくてはいけない。

1990年代に神経科学が急速に発展したのには、fMRI（磁気共鳴機能画像法）やPET（陽電子放射断層撮影法）など新しいテクノロジーを利用して、脳にダメージを与えない非侵襲的検査ができるようになったからだ。

それまでは、脳の一部に損傷を負った患者と正常者との比較観察でしかわからなかったことが、たとえば、利得や損失の可能性を考えながら購買や投資の実験に参加する被験者の脳内の動きを観察できるようになったというわけだ。

その結果、意思決定は、感情（情動）のような半ば無意識で自動的に生じる自動的過程と、思考などによって意識的に制御・調整できる認知過程の協働作業によって実行されることがわかってきた。これを、異なる次元で表現すれば、快・不快の本能的感情（情動）と、その抑制や調整を図ろうとする論理的思考との協働作業だと言い換えることができる。

スタンフォード大学のブライアン・ナトスン教授が、購買意思決定における脳の仕組みをｆＭＲＩを使って明らかにし、プロスペクト理論を異なる観点から支持した２００７年の有名な実験がある。

被験者に商品を見せたあとに価格を提示し、購入するかどうか決定させる。その過程において脳内の動きを見てみると、買いたいという欲求を刺激する商品が登場すると、快の感情を生むドーパミンを発生させる側坐核《そくざかく》が活性化する。値段が高すぎると感じると嫌悪や痛みといった不快感を生む島皮質《とうひしつ》が活性化し、新皮質の前頭前野内側部の一部が非活性化する。

側坐核と前頭前野が活性化していて、島皮質が沈黙しているときには、購買から得られる喜びのほうがお金を払うことからくる痛みより大きいと脳が判断しているということで、被験者は購買を決定する。

この実験結果は、購買決定は、何かを買うことから得られる快感と、それに対してお金を払うことへの不快感とのバランスの上に成り立っていることを示す。快を生む側坐核も不快を生む島皮質も大脳辺縁系に結合していて、扁桃体と密に連絡している。

何かを得る快感は利得であり、お金を払う不快感は損失だとみなせば、この実験は、損失と利得の脳活動が別の部位でなされていることを示しているわけで、損失と利得の領域で異なる価値関数を使うプロスペクト理論と矛盾しないと考えられる。

日本人に埋め込まれた危険回避の遺伝子

2002年にプロスペクト理論がノーベル経済学賞を受賞したあと、心理学者、経済学者、そして神経科学者たちが一緒になって、損失回避性が神経レベルにおいてどのように表現されるかを調べ、その結果が論文として発表される数が増えてきた。

たとえば、実験参加者がくじに参加するかどうか意思決定をするときの脳内をモニターする。利得が増えると、参加者の報酬系の活動が高まるが、反対に損失の可能性があるとき活動は低くなる。この種の実験をへて、人間に損失回避性をもたらす脳の部位は「扁桃体」であることが特定された。

2010年に発表された論文によると、カリフォルニア工科大学の研究者たちが扁桃体に損傷を負った2人の患者に、いくつかのギャンブルを体験してもらい、そのときの脳内の動きをfMRIで観察した。患者たちはギャンブルのリスクや損失、儲けといった変化に通常通り反応する能力はあるが、正常者と比較して、損失回避傾向が異常に低いことがわかった。

大脳辺縁系にあり島皮質と密に連絡している扁桃体は、感情処理、とくに不安や恐れといったネガティブな感情が生まれるところであり、ここに問題があると恐れを感じるのが妨げられる。だから、たとえば、扁桃体を削除されたサルは、正常なサルなら避けるような危険な刺激に躊躇なく近づく。扁桃体を損傷した2人の患者に、様々な感情表現をしている写真を見せると、喜びや怒りといったほとんどの感情を認識できるのに、恐れの感情を表現している顔の写真を見ても、その人がどういった感情を経験しているのか認識できなかった。

扁桃体は、本能的な恐れの感情を処理している。この恐怖感のおかげで、人間は死から自分の身を守ることができた。扁桃体があるおかげで、危険なものや危険なことから自分を遠ざけようとする本能が働く。扁桃体が大脳のなかでも進化的に古い大脳辺縁系にあるということは、進化の早い段階で、生存率を高めるために、脳に組み込まれた仕組みだと言える。

この扁桃体を活性化させやすい遺伝子がある。そして日本人は、この遺伝子を持っている割合が世界で一番高いことが明らかになっている。日本人の損失回避性バイアスが高いのは、この遺伝子のせいだと言えるのではないだろうか。

男性ホルモン・レベルで投資行動が変わる

金融神経学（Neurofinance＝ニューロファイナンス）は、行動経済学から派生したとも言えるが、経済学、神経科学、心理学が融合した新しい学問領域で、ファイナンス上の意思決定の質を向上させるための研究をしている。

金融サービス会社は、ニューロファイナンスの研究結果に大きな関心を寄せている。自社のトレーダーの売買選択を含めた意思決定が正しく行われること、つまり儲けが大きく損失が小さいことは会社の業績に直結するからだ。

トレーダーの意思決定の傾向は、個人により大きく異なる。ギャンブルを好みリスクをとる者もいれば、保守的で慎重な者もいる。会社にしてみれば、社員の意思決定傾向を知ることは重要であり、年齢、性別はむろんのこと、たとえば、男性ホルモン・レベルによって投資傾向がどう変化するかを調べる研究も多くある。

たとえば、ロンドンの金融街で働くトレーダーの男性ホルモン「テストステロン」の濃度と業績の関係を調べた調査では、テストステロンの濃度が高いときほど好成績を上げていた。同ホルモンの分泌によって自信と集中力が高まり、それが好成績につながっている可能性があると分析された。ただし、恒常的に高濃度の場合にはリスクをとりすぎる傾向があるとも指摘されている。

不安を強く感じさせる遺伝子の存在

ニューロファイナンスの研究は、最近では、遺伝子レベルにも進んでいる。行動遺伝学の研究が進み、性格や能力といった特徴は、環境によって決まるものか、あるいは遺伝によって決まるのかの議論にある程度決着がつけられた。性格では30～40％、学力やその他の能力では50％以上は遺伝によって説明できることが明らかになっている。そして、あとで紹介するが、扁桃体を活性化する遺伝子が、投資リスクをとるかどうかに深く関係していることを証明した研究もある。そういった意味で、日本人の損失回避性バイアスの強さの要因を遺伝子に求めることは、科学的にも妥当だと言えるだろう。

扁桃体を活性化しやすい遺伝子は、学術的にはセロトニン・トランスポーター遺伝子多型（5－HTTLPR）と呼ばれ、セロトニンを移送する（トランスポート）遺伝子だ。

セロトニンは、報酬系が活性化したとき出てくるドーパミンと同じ脳内化学物質（神経伝達物質）で、ドーパミンが高揚した快感を提供するのとは違い、セロトニンが脳内に一定レベル存在していれば、安心感、心のやすらぎ、幸せを感じやすくなる。反対にセロトニンが不足すると不安になり、気分が落ち込み、集中力も低下し、いらいらして感情的になったりする。長期にわたってセロトニンが欠乏すると、うつ病発症の要因になることもある。

80年代～90年代に遺伝子レベルの研究が発展し、次のようなことが明らかになった。

脳内のセロトニンのレベルを調整しているのはセロトニン・トランスポーターというタン

パク質だが、このセロトニン・トランスポーターをつかさどる遺伝子には、長いものと、短いものの2種類ある。ロング（Long）のL型とショート（Short）のS型だ。

L型対立遺伝子のほうが、より多くのセロトニン・トランスポーターを放出できる。S型対立遺伝子は放出するタンパク質が少ないだけでなく、扁桃体を活性化させることも、その後の研究で明らかになっている。

その結果、S型対立遺伝子を受け継いだ人たちは、L型対立遺伝子を受け継いだ人たちよりも不安や恐怖を感じたり、抑うつのような気分障害を患う傾向が高い。

そして驚くべきことに、というか、なんとなく理解できる気もするが、日本人は、このS型対立遺伝子を保持している人の割合が世界で一番高い。

2009年に発表された米ノースウェスタン大学の心理学者や神経科学者による論文には、29カ国、およそ5万135人の遺伝子調査の結果が掲載されている。5－HTTLPR多型遺伝子は、SS型、LL型、そしてその両親から生まれたSL型の3種類ある。5万人をS型対立遺伝子やL型対立遺伝子が現れる頻度で分類すると、S型対立遺伝子を持つ人はヨーロッパ人は40～45％であったのに対して、東アジア人は70～80％と高い。

国別で見ると、最も割合が多かったのは日本人で80・25%。次いで韓国人の79・45%、中国人の75・2%と、東アジアの国が軒並み高い数字を記録している。一方で、欧米人はアメリカ人44・53%、イギリス人43・93%、フランス人43・18%、ドイツ人43・03%と低い。29カ国中、最も低かったのは南アフリカ人の27・79%だった。

思い起こせば、世界金融危機後の2009年に行われたいくつかのグローバル調査でも、日本人経営者が最も将来への不安を感じているという結果が出ていた。それに対して、海外の経済学者や投資アナリストたちが、「日本が受けたダメージは小さいほうだ。日本の経営者たちが、どうしてこれほどまでに悲観的になるのか理解できない」と不思議がっていた。

前述したように、ホフステードの文化モデルのなかの「不確実性の回避」の次元においても、日本のスコアは92で、76カ国中11位。同じS型対立遺伝子を持っている人の多い東アジアの国のなかでも一番スコアが高い。S型対立遺伝子を持っている人は、不確実性の高い環境においては、扁桃体が活性化しやすい。金融危機のあと、日本の経営者がどこの国の経営者よりも不安を感じたとしても不思議ではない。

S型遺伝子で投資行動が変わる

5－HTTLPR多型遺伝子のS型対立遺伝子を持っている人は、不安を感じやすく、不確実性の高い環境においては、扁桃体が活性化しやすいので、損失を通常よりも大きく感じる。よって、何か新しいことを始めたり、投資をしたり、お金を使ったりすることを避ける傾向が高い。

ニューロファイナンスの分野では、当然ながら、リスクをとるタイプの人とそうでない人との違いを調べることに熱心だ。2013年の調査では、S型の遺伝子を持った人は、株式にはあまり投資せず、基本的に金融に関する意思決定を積極的にせず借金もあまりしないことがわかっている。彼らは、株をよりリスクが高いと知覚し、リスクの高い投資をするときにはネガティブな感情になりやすいと答えている。

この調査結果は、日本の調査と一致している。

金融広報中央委員会は2022年に18～79歳の3万人を対象に、投資行動の調査をした。

「10万円を投資すると50－50の確率で2万円の値上がり益か、1万円の値下がり損が発生する。あなたは投資しますか?」という質問には、74・2%が「投資しない」と答えた（ちなみに、この質問は、損失回避係数2・0になっている）。

同じような調査は、2016年、2019年もしており、それぞれ、投資しないと回答した人は78・6%、77・3%だった。金融広報中央委員会は日本人の金融リテラシーを向上させることを目的としているので、その効果は少しずつ出てきているとはいえ、日本人の損失回避傾向は引き続き高いと分析している。

投資しないと回答したのは年齢では若者から高齢者まで幅広く、性別では女性が多かった。投資をしないと選択した回答者にその理由を聞くと「元本割れのリスクがある金融商品には投資しない」という回答が多かった。この調査では、株式、投資信託、外貨預金・外貨MMFといったリスク性投資の有無も尋ねたが、投資しないと答えた人が7割に上った。

感染症から自らを守る特質を獲得した祖先たち

日本人を含め東アジア人にS型遺伝子を持っている人の割合が高いのは、感染症に関係があるのではないかという説がある。

5－HTTLPR多型遺伝子は10万年前ごろ出現するようになったらしい。私たち現生人類の祖先は、20万年前にはアフリカに住んでいたが、気候や自然災害その他の事情で、10万年～6万年前ごろ、食べ物や住みやすい地を求めて、世界各地に散らばっていった。つまり、厳しい長い旅をしているころに、遺伝子が出現したわけだ。

私たちの祖先は、いくつかのルートをとって地球上に散らばっていくのだが、そのうち、南アジアから東アジアに向かうルートは、気候も暖かく、多数の鳥や哺乳類が棲息していた。このルートを通った祖先は、マラリア、フィラリア、デング熱、発疹チフス、結核、ハンセン病といった様々な病に悩まされた。そういった感染症から自分の身を守るためにこの遺伝子が登場し、この遺伝子を持つ祖先は持たない祖先よりも生存率が高かった。よって、中国、韓国、日本に到達することができたわけだ。

その結果、S型遺伝子を持っている私たちは、不安を感じやすく、損失を嫌い、リスクをとることを躊躇し、そして、現状を維持しつづける傾向が高い。

だが、この遺伝子は悪いことだけでなく、私たち日本人を他とは差別化できる特質も与えてくれた。これについては、最後の章で紹介したい。

第3章

「しがらみ」という戦略的互恵関係

リーマン・ブラザーズ&シスターズだったら……

1850年にリーマン兄弟が創立したリーマン・ブラザーズが、ブラザーズ（兄弟）だけでなく姉妹（シスターズ）を含めた会社だったら、2008年の金融危機も起こらなかったかもしれない——。

米国の投資銀行リーマン・ブラザーズの経営陣に多くの女性が加わっていれば、トップは暴走せず高リスクの取引にのめり込みすぎることもなかっただろうという仮説が、2014年に英国の経済ジャーナルに発表された。

ネタもとをたどると、きれいな銀髪がトレードマークのクリスティーヌ・ラガルド欧州中央銀行総裁が、IMF専務理事だったころに投稿したブログに行きつくようだ。リーマンショックから10年たった2018年に「取締役会など経営層への女性登用が増えれば組織が多様になり、短期的な集団思考に陥るリスクが低下する」と書いている。

「リーマン・シスターズ仮説」論文では、金融行動において男女で大きな違いがあることが指摘されている。具体的には、リスク回避、不確実性への対応、そして、倫理や道徳的態度において、男女で違いがあるとしている。

これについては、第4章で取り上げるとして、ここでは、ラガルド総裁の発言にあった集団思考について、まず、考えてみたい。ラガルド総裁は多様性があれば集団思考に陥るリスクが低下すると言っている。つまり、日本の企業のような同質性集団は集団思考に陥る可能性が高いということだ。

企業や政治組織はむろんのこと、日本の組織の多くが同質性集団だ。だが、同質性の高い集団のメンバー自身は、そのことにあまり気がつかない。

たとえば、自動車メーカーの男性社員に、「あなたは同質性集団の一員ですが、それについてどう思いますか?」と質問すれば、「確かに男性中心の集団であることは事実で、多様性がないという問題はある」と考えるだろうが、多様性欠如以外に、とくに他に問題があるとは思っていないだろう。

多様性はイノベーションをもたらすと繰り返し主張されているので、「同質性の高さはイノベーションをもたらさない」とは理解している。だが、集団の同質性そのものが、日本企業に大きな弊害をもたらしたとは思っていない。

「私の組織のメンバーは個性豊か」の誤謬

社会心理学で「外集団同質性バイアス」と呼ばれる認知バイアスがある。同質性が高い集団のメンバーは、自分が属している集団のメンバー間には多様性があると認知する。そのくせ、自分が属していない外の集団に対しては、メンバー同士が互いに似ており同質性が高いと認知する。

日本企業は戦後に確立された雇用制度によって、男性中心の同質性の高い集団となった。外から見れば――たとえば海外から見れば――異様に同質性の高い男性集団だ。

だが、多様性世界ランキングで最下位グループに入っていると騒がれるようになるまで、日本企業内のメンバーは、そのことが異様である、問題があるなどとは思わなかった。なぜなら、同質性バイアスという認知バイアスによって、自分が所属している内集団の多様性を外集団よりも高く認識するので、自分たちが似通った考え方、感じ方をしていることに気がつかないからだ。

もともと、多くの男性社員は、自分たちがつくってきた集団の同質性が高いとは、外から言われるまでは意識していなかった。

自分が属している集団の内部に常に注意を払う内向き傾向が高いので、内集団の人間関係の微妙な変化や雰囲気の細かい違いに敏感だ。自分が関係する上司だけを取り上げても、「Aさんは短気だがさっぱりした人、でも、約束ごとを守らない部下には厳しい」、「Bさんは常にあいまいで自分の意見を言っているようで言わない、結果が良くないと部下のせいにする傾向があるから要注意」、「CさんはAさんとは仲が良いがBさんとはライバル関係にある」……等々。

内集団のメンバーの言動や性格、それからメンバー同士の関係性に常に気を配っているので、一人ひとりの違いに目がいく。だから、「どこに同質性があるというのか」と反論したくなるくらいだろう。

そのうえ、内集団バイアスといって、自分が所属する集団（内集団）のメンバーのほうが、それ以外の集団（外集団）のメンバーに比べて能力や人間性が優れていると認知する内集団びいきもある。だから、第三者の客観性をもって自分の集団、つまり自分の会社を観察することができない。外の人たちの立場から、自分の内集団（自社）を見る視点が欠けている。当然、外の人たちが自社をどう見ているかが把握できていない。

そういった意味で、同質性集団の弊害の程度にしても過小評価する傾向がある。だから、外から圧力がかかるまで、自ら変革する必要を感じなかったというわけだ。

多くの男性社員は、女性や外国人や中途採用の人員を増やす目的は、イノベーションを創出するためだと思っている。男性経営者ですら、そう考えている。

多様な人材や考え方が存在することでイノベーションが創出されるというスローガンは間違っているわけではない。多様化が進めば、様々な新しいアイデアが生まれることは間違いない。

だが、それでイノベーションが創出されるほど単純なものでもない。巷でよく言われているように、イノベーション創出のために、組織内容を同質的なものから多様なものに変えようとしているのであれば、短期的には、正の効果をすぐにはもたらさない、という意味で失望のほうが大きいだろう。

多様性ある組織に変えるべきなのは、これまでの同質性の高い組織に大きな弊害があったからだ。多様性をうんぬんする前に、同質性がもたらした弊害を、まず認識する必要がある。

新卒大量一括採用が決定的ブロー

日本企業（とくに大企業）が同質性集団を形成する源は、終身雇用、年功序列、新卒一括採用という慣行にある。終身雇用や年功序列制度は高度成長時代の人手不足対策として打ち出されたものであり、戦前は日本の労働市場の流動性は高かった。離職率、雇用調整速度、長期雇用の程度を比較しても、日米で差は見られなかったということは、いまではよく知られた事実となっている。

つまり、終身雇用や年功序列制度は、私たちが以前に思い込んでいたほどには、日本に昔からある伝統的な雇用制度ではないということだ。

しかし、戦後からの制度だったとはいえ、終身雇用が日本企業の同質性の原因の一つになったことはたしかだ。何十年と同じ組織で一緒に仕事をすれば、生まれてから一生同じ村に住むのと同じで、互いに似たような考え方や感じ方をするようになる。が、なんといっても、同質化のダメ押しをしたのは、新卒大量一括採用の定着だ。

新卒一括採用の始まりは明治時代にさかのぼることができるが、本格的に始まったのは第一次世界大戦後の1920年ごろ。とはいっても、当時、大学は全国で16校、学生数は2万人程度。大卒を雇う企業は財閥系や大手銀行に限られていた。大学卒業生の数が10万人を超したのは1956年。日本が高度成長時代に突入したころで、大企業だけでなく中小企業を含めて企業の学卒大量採用が始まった。

優秀な学生を獲得するために他社より早く採用を決める企業が増加。採用早期化がどんどん進み、卒業1年前の3年生のときに採用を決める企業も出てくる。1960年代には、「青田買い」から「早苗買い」、ついには「籾《もみ》買い」という言葉まで誕生するようになった。

当時は、まだ、大学生は学校からの推薦によって就職先を決めていた。が、1960年代後半になると大学紛争の影響で大学事務局は就職指導などに対応できなくなり、学生は自力で就職活動をするようになる。学生の自由応募、会社訪問が急拡大する。このころから学生と企業をつなぐ就職情報産業が急激に成長し、企業の採用活動、学生の就職活動は大きく変化した。

1960年代後半には、企業内ＯＪＴ（職場内訓練）システムの確立とともに学卒一括採用方式の仕組みが完成され定着した。このころ採用された大量の新入社員が高度成長時代

（1955年から73年）をエンジョイして中間管理職になったころには、日本企業の同質性が完成されたと言える。

新卒で入社して、同期の仲間と体系化された同じOJTを受け、同じ独身寮で同じ釜の飯を食べ、結婚したら社宅に住み、早い遅いはあるが、年功序列制なので、（そして高度成長時代には財務的な余裕が会社にあったために）おおむね平等に昇進するうちに、価値観や人生観、考え方、感じ方までをも共有する同質な集団を形成していく。先輩・後輩たちともそれなりの絆を感じ、団結して会社の発展に努め、定年まで勤めあげる――という人生の流れすらも共有された。

80年代から日本企業が劣化した原因

「毎日、家族よりも長い時間をともにする」間柄が定年まで数十年間つづく終身雇用制だけでも同質性をもたらすには十分だ。だが、その関係の始まりにおいても、自社の方針や企業文化に合っていそうな（似通った）新入社員が採用されるようになれば、同質性の密度はさらに濃くなる。

最近になって、採用に関して「社風とは少し異なる人を」とか「少しとがった人を」といった注文をつけるようにはなっている。が、わりと最近の２００６年の内閣府調査でも、新卒一括システムのメリットを尋ねられた企業の58・９％が「社員の年齢構成を維持できる」と答え、次いで、52・２％が「他社の風習等に染まっていないフレッシュな人材を確保できる」と答えている。

つまり、純な若者を雇い、自社の社風や考え方に染めようと意図しているわけだ。中途採用者とは異なり、ピュアな若者ならそれが比較的簡単に達成できる。

事業再生専門家である三枝匡氏は、１９６７年の高度成長期に大学を卒業して三井系企業に入り、その後、米国系のコンサルタント会社であるボストン・コンサルティング・グループに入社。１９８０年代以降、いくつかの赤字企業の再生に成功している。ミスミグループ本社の社長・会長も務め、従業員３４０人の商社を１万人規模のグローバル企業に変身させたことでも有名だ。

その三枝氏が、自著で、日本企業の組織の劣化は80年代前半から見られるようになった旨を書いている。

80年代といえば、60年代に新卒一括採用方式が定着してから20年。そのころ新入社員として入ってきた大量の社員が40代で中間管理職になったころだ。終身雇用制や年功序列制に60年代からの新卒一括採用が加わることによって、組織の同質化が進みより強固になった。

その結果、組織の劣化が際立つようになったのではないだろうか？

高度成長期には同質性組織が有効

内集団は、同質性が高まるとともに、同調性を重んじるようになり、集団のなかの異分子を排除するようになり、「集団思考」をするようになる。

集団思考というのは、米国の社会心理学者アーヴィング・ジャニスが提唱した概念だ。高校生の娘が、「米国政府が組織的に犯した大きな失敗についてその原因を考える」という内容でレポートを書くことになった。その手助けをするなかで、能力の高いエリート集団がなぜ愚かな意思決定をしたのか不思議に思った。

ジャニスは、米国による朝鮮戦争時の朝鮮半島への侵攻、真珠湾攻撃への準備の怠り、ベトナム戦争の拡大など、米国政府が判断を誤った背景を調査した。そして、エリート集団が意思決定を誤ったのは「集団思考」があったからだと結論づけた。

その後、スペースシャトル・チャレンジャー号の事故や米国同時多発テロを防げなかったことなど、大きな組織的失敗が発生するたびに、原因は集団思考にあったのではないかと指摘されるようになっている。

集団思考においては、他の選択肢を真剣に吟味しようとする気持ちよりもグループの全会一致への欲求のほうが優先される。

メンバーをグループにとどまらせる「求心力」や「やる気や士気、意欲を高める動機づけをする力」が高いグループを、社会心理学では集団凝集性が高いという。集団凝集性が高ければ、メンバーの帰属意識が高くなり、連帯感や仲間意識が強く、組織内のハーモニーをなんとしてでも維持しようという欲求を組織構成員全員が分かち合う。

高度成長時代、米国の技術に追いつき追い越そうとしていた日本の（とくに）製造業の会社組織は、まさに、こういった凝集性の高い集団そのものだった。同質性集団は、こういった明確で具体的な目標を一致団結して一心不乱に追い求めるのには効率的な組織だ。

だが、米国の技術に追いついたと思ったとき、誰をも奮起させる明確な目標がなくなったとき、同質性集団では集団思考の弊害が生じるようになる。

組織内のハーモニーを保つのは連帯感や仲間意識のためではなく保身のため。会議で全会一致を優先するのは自分だけ目立って外者扱いされるのを避けるため。どちらも、内集団のためではなく、自己保全のためだ。

「女性が入る会議は長い」発言と男性内集団の規範

集団思考の特徴は、①自分の集団の実力の過大評価やその正当化、②外の集団をステレオタイプ化してきちんと評価しない、③グループ固有の倫理感に信念を持つ、というもので、ここまでは、内集団バイアスの心の狭さを表している。その結果、集団内の意見の一致への同調圧力が大きくなって、④全会一致へのこだわりが強くなり、⑤内集団にとって不都合な悪い情報を入れず、⑥内部からの批判や異議を許さない状況になる。

自己検閲も多くなり、「自分の意見をここで発言したら、ハーモニーを乱すことになるかもしれない」「まわりから白い目で見られるようになるのではないか」と考えて、まわりと異なる意見を言わなくなる。実際には、他にもそう思っている人たちがいるかもしれないが、自己検閲で発言しない。

結果として、全会一致した意見が実は多数派ではなく少数派の意見だったという例もよくある。

内集団の中心は日本人男性正社員だ。この集団内に、最初は非正規社員が、次いで働き方改革によって、女性、高齢者、外国人などが入ってくるが、彼らがすぐに男性中心の内集団に溶け込めるわけではない。一種の外集団とみなされる。こういった人たちには内集団で共有されている価値観や規範はすぐには理解できない。内集団の暗黙のルールが何なのか、どういった根回しの仕方がよいのか、なども察知できない。

内集団の男性社員が悪意により教えないわけではない。こうした暗黙のルールは、内集団メンバーにとっては「言わずもがな」のものなので、外の人たちが戸惑っているかどうかも気づかない。自分たちの常識が外の人たちの常識ではないことすら気がつかない。反対に、外の人たちが自分たちの常識を理解しようとしないことに不満さえ感じるようになる。

たとえば、元首相が、「女性がたくさん入っている理事会の会議は時間がかかる」と発言して、世間の顰蹙《ひんしゅく》を買った。暗黙のルールのうちに根回しすべき人には根回しがされ、会議の前に、すでに議論は終わっている。なのに、内集団に属していない女性が会議に参加して、もう決まっていることを蒸し返す。わかりきったことを質問する。内集団のメンバーにしてみると、時間の無駄。コスパの悪い会議になってしまうのだ。

従業員の満足度は多様性集団では低くなる

多様性を進めている組織に入ってきた元「外集団」の人たちは、内集団との摩擦でストレスを感じる。それは、内集団メンバーにとっても同じだ。内集団メンバーが大切にしてきた規範や価値観の大幅な変更を余儀なくされ、彼らにとっても非常にストレスが高い。

多様性への取り組みが日本より早く始まった米国では、MIT(マサチューセッツ工科大学)の経済学者が、性別の多様性が職場にどういった影響をもたらすかを調査している。米国および海外60カ所に事務所を設けているプロフェッショナルサービス企業を、1995年~2002年の8年間の長期にわたって追跡調査したもので、企業の生産性と収益、それから従業員の満足度、協力度、モラルなどの変化を検証した。

この調査では微妙な結果が出ている。①多様性は生産性を高め、同質性集団から多様性集団に移行したことで収益は41%増大した、しかし、②従業員は多様性の低い職場のほうを好む。

研究者の分析によると、従業員の多様性があるということは、スキルや経験の多様性があるということで、これは集団としての知識を増やし、より効果的な働き方を可能にする。だが、従業員は、多様性を進めるというアイデアそのものには賛同しても、実際に多様化した職場はあまり好きではないようだ。同質性集団のほうが、互いに協力し、より快適でよりハッピーに感じられると答えている。調査結果をまとめると、多様性は、会社の収益を上げることには貢献したが、従業員の満足度は低くなったということだ。

サラリーマン社長には重すぎた課題

目的を達成するには、同質性の高い集団のほうが低い集団より効率的だという説は、米国でもいくつかの調査研究で支持されている。ただし、目的が具体的で明確な場合という条件がつく。

たとえば、高度成長時代の日本の製造業。自動車メーカーにしても家電メーカーにしても、大きな目的は米国の技術に追いつき追い越すことであり、より高品質の製品をより安くという目的は品質管理・生産管理の数値で具体的かつ明確に設定できる。そして、同質性集団は、こういった目標を一致団結して追い求めるのには効率的な組織だ。

だが、家電メーカーの例で言えば、世界一の品質を達成したあと、何を目的とすべきか目標を失った。高機能・高品質を追いつづけたが、それは、もはや世界の消費者の必要性を超えた過剰品質になっていた。

しかし、内集団バイアスでそれに気づかない。内集団バイアスからくる内集団びいきで自分たちの優秀さに傲慢になっていた日本の家電メーカーは、外集団である新興国の若い企業の勃興にも気づくことが遅かった。

日本企業は効率的な同質性集団をつくったから年平均10％前後の高度成長を20年間つづけることができたのか。それとも、高度成長時代の働き方や経営に最適でかつ効率的な集団が同質性集団だったのか――。

どちらにしても、高度成長が終わった時点で、集団の凝集性はなくなった。社員のやる気や意欲を高める動機づけをする力が消滅した。成長が止まったあとも、集団メンバーに新たな明確かつ具体的な目標を掲げることができる経営者を持たなかったからだ。また、新たな時代に合った組織に変える洞察力と実行力を備えた経営者を持たなかったからだ。

同質性集団で育ったサラリーマン社長には荷が重すぎたのだろう。

お約束の謝罪会見、経営者の本音

集団思考は組織に前例主義がはびこる原因になる。自分の集団を過大評価し、自分たちがやっていることを正当化する同質性集団は、これまでやってきたことを改めるとか変えることには消極的になる。

そのうえ、終身雇用で年功序列制度を採用している日本企業においては、前例を変えるということは、まだ会社にいる先輩である上司による決定を変更することになる。とくに大きな問題がない限り、前例踏襲が、集団内の波風を立てないことにつながる。

その前例を作った先輩上司にしてみれば、前例のせいで何か問題が起こったとしても、「当時は自分が作った制度でよかったが、社会の変化にそぐわなくなった。それを変えるかどうかは、いまの担当者が考えるべきことだ」と考える。

つまり、前例主義は誰も責任をとらないことだと言える。それが顕著に表れるのは、企業が不祥事で記者会見を開くときだ。

担当管理職3人くらいが、「皆様方にご心配をおかけし、ご不快な思いをさせて申し訳ございませんでした」と腰を90度に曲げて頭を下げる。お約束どおりの型にはまった謝罪の仕方で、謝罪をしている人たちも、どこか他人ごとのようにふるまっている印象を受ける。

実際、彼らは自分ごととは思っていないかもしれない。不正や不祥事は内集団、つまり会社の社員全員が知っていたことかもしれない。あるいは、以前に事業部の先輩たちが始めたことで、内集団内の内集団である事業部が、公式ではないとしても、ある意味全会一致で了承してきたことなのだ。

自動車会社が燃費や排気ガスの検査データを改ざんしたり、東芝のパソコン部門がバイセル取引を利用して利益を過大に計上したりしたのも、アーヴィング・ジャニスが書いたように、内集団固有の倫理に支えられていたのかもしれない。だから内集団のメンバーには自分が悪いことをしているという自覚はあまりない。

そのうえ、外に向かって発信していても、実際には、自分たちの謝罪会見が内集団にどう受け止められるかのほうに神経がいく。外の世界の誰に向かって謝っているのか、その相手はどういった心理で会見を見ているかに、考えが及ばない。それよりは、上司や同僚がこの会見をどう見るか、その評価のほうが気になるのだ。

こんなふうに感じるのは自分だけかと思っていたが、そうではない。大鹿靖明氏が『東芝の悲劇』のプロローグにおいて、２０１７年当時の綱川社長の記者会見について、次のように書いている。ちなみに、当時の東芝は、原発関連で1兆円近い損失を計上し、その穴埋めに唯一の希望の星であるフラッシュメモリー事業部を売却しようという状況にあった。

「綱川はこの事態に責任を負う東芝の最高経営責任者であったが、窮地に陥った際の日本型エリートがよくそうするように、どこか〝他人事〟のように振る舞っていた。いま起きていることは自分のせいではない。科《とが》は、幾代もの前任の社長たちにある。自分はたまたま、社長のバトンを託されたから、この場に立たされているだけだ、と。」

当事者意識に欠け、どこか傍観者的だった——と、大鹿氏は感想を述べている。

「しがらみ」という戦略的互恵関係

同質性集団では、自己集団にとって不都合な悪い情報を入れたり、批判や異議を唱えるメンバーは疎外される。日本企業には、そこに年功序列制度が入ってくる。昇進するには、先輩や上司の推薦が重要要素となる。結果、上司や先輩への忖度が生まれてくる。また、終身雇用で同じ会社に数十年務めることで、同僚や先輩、後輩とのしがらみも生まれる。

しがらみは戦略的互恵関係だ。『しがらみを科学する』の著者・山岸俊男氏は「しがらみを作るのは人と人との関係性であり『しがらみ』とは自分の意図を超えて自分を拘束するもの」とも語っている。

自分が望んでいるような行動を他人にとってもらうために必要な行動をとる。だが、それは、他者が望んでいるであろう行動を自分もとらなくてはいけないことを意味する。そして、相手から得た利益を自分が数十年後に返すといったふうに互恵関係は長期にわたる。

新入社員のころから直属の上司に気に入られるために、上司の指示には無理難題と思うことがあっても応えてきた。上司もそれに応えて、部長、本部長、執行役員と昇進するたびに、自分も一緒に引き上げてくれた。上司が社長になり自分も取締役になった……。

そこまではよかったが、だんだんワンマン社長になり、部下の言うことにも耳を貸さなくなった。やっと退任することになったが、後継にはお前を指名する代わりに、自分は会長になると宣言、会長になってからも以前と同じ権力をふるう。困ってはいるが、長年の恩義があるので、表立って反対はできない、だが、これでは、何のために社長になったかわからない……。

まさに、互恵関係は長期にわたり、「自分の意図を超えて自分を拘束するもの」だ。しがらみ恐るべし、である。

会社のしがらみ構造を破壊できるのは誰か

2000年代半ばに液晶テレビ「世界の亀山モデル」で名を馳せたシャープは、1兆円の負債を抱え2016年に台湾の鴻海《ホンハイ》に買収された。シャープ破綻の要因として、液晶パネルが世界市場で供給過多になっていたのにもかかわらず投資をつづけたことが挙げられた。

その理由が、「3代目、4代目、5代目の社長全員が、1980年代末に始まった『液晶プロジェクト』の出身で、液晶事業への思い入れが強く、液晶に集中投資するのを軌道修正できなかった」こと、２００７年に堺に新しい工場を建設するために４０００億円を超える投資を決めたが、このプロジェクトは当時の会長（４代目の社長）が推し進めたもので、５代目の社長は供給過多を懸念して消極的だったと言われる。

シャープの創業者はシャープペンシルを発明したアイデアマンとして有名な早川徳次。２代目の佐伯旭は中興の祖とされるが、その後の歴代社長はこの佐伯と姻戚関係がある。３代目の辻社長は佐伯の娘婿の兄。４代目の町田社長は娘婿。５代目の片山社長は姻戚関係はないが父親が佐伯と親交があった。つまり、２代目から5代目の社長まで、同じネットワークでつながっていたと言える。

シャープの問題は、同質性による忖度とかしがらみに深く関係していると言えよう。新入社員のときから世話になり、自分に目をかけ昇進へと導いてくれた先輩の意見を社長になったからといって無視したり否定することなど、普通の人間の神経ではなかなかできない。

最近は、しがらみ対策として、外から社長を雇う会社も増えてきた。資生堂は、年齢が若いぶんしがらみが少なくてよいと内部昇進した52歳の社長が、歴代の社長ＯＢからのプレッシャーからか思ったように力をふるえず、健康問題を理由に2年で退任。前任社長が引き継いだ後、2014年に元日本コカ・コーラ会長の魚谷雅彦氏を社長として迎え入れた。

小林喜光氏は2007年に三菱ケミカルホールディングス社長就任直後に「先輩は戦犯」と発言して、OBに睨まれたらしい。その発言に関して、小林氏は「日経ビジネス」での対談で「『社長・会長が始めた事業なので……』という慮りこそいらない」と語っている。

三菱ケミカルホールディングスは2021年、フランスの化学メーカーのCEOを務めたジョンマーク・ギルソン氏をトップに迎えている。当時の指名委員会委員長は、大胆な統治改革にあたって「社内よりも社外と考えた。外国人は日本人よりしがらみがない」と述べている。

かつては業界の盟主だったキリンビールはアサヒグループにシェアも売上高も抜かれ、2014年には株式時価総額も抜かれた。

だが、不採算事業の整理やビール事業のマーケティング改革で、業績も株価も回復基調に戻った。立役者の磯崎社長は、インタビューで「思い切った改革ができたのはなぜか?」と聞かれて、「私は完全に連絡を断っています。OB会にも、ゴルフにも、飲み会に誘われなくても構わない」。上司や先輩はむろん、場合によっては取引先との付き合いも見直す必要があると答えている。

磯崎氏は、先輩がやってきた成果がいまの事業にも必要というわけではないし、取引先との付き合いも長くなればなるほど持ちつ持たれつの関係になってしまう。しがらみの積み重ねが改革の足かせになっている。それを切るという覚悟を決めたと語っている。

しがらみを徹底的に切るという覚悟ができる社長、あるいはしがらみのまったくない外部から招へいされた社長。こういった社長が就任しなければ構造改革が進まない。これが多くの日本企業の実態だ。しがらみは、日本企業の雇用制度と同質性が生んだ「腐れ縁」だ。

嫌いな上司、同僚がいても会社をやめられない

日本企業の同質的男性集団の場合、しがらみや忖度については、同情する余地は多々ある。

男性社員は戦後から高度成長時代をとおして一家の稼ぎ頭だった。1980年においても、専業主婦世帯が1100万世帯に対して共稼ぎ世帯は600万世帯。両者の数が拮抗す

るようになったのは90年代半ばになってからだ。

もっとも、いまでも男性社員が一家の大黒柱であることに変わりはない。たとえば2022年には共稼ぎ世帯は1262万世帯で専業主婦世帯は539万世帯、世帯数だけを見れば80年代とは逆転している。が、実態を見れば、働く主婦の半分はパートタイマーだ。共稼ぎ世帯の妻の労働時間を見れば、パートタイムが58%、フルタイムが42%だ。

夫と妻の収入割合を見ると、世帯収入の2割から3割が妻の収入となっているようだ。妻が非正規社員だとか、配偶者控除を受けるためにパートタイムで働く時間を少なくしているとか、いろいろ理由がある。が、いずれにしても、数字が示すように、日本においては、戦後からずっと、夫は一家の稼ぎ頭でありつづけた。

妻子を養う責任がある、と男子は子供のころから教えられてきているし、実際、そうなのである。

だから、上司の考え方ややり方が気に入らず、職場の同僚とうまくいかなくても、会社を簡単にやめるわけにはいかない。子供がもう一人生まれるから、それに見合った給料が欲しいと思えば、上司に忖度して、媚びへつらい、なるべく早く昇進させてもらうための手立てをいろいろ考える。当然のことだ。

男性社員には本音で同情する

働く女性から見た社内政治について、管理職の女性、または管理職を目指す女性を対象に、「プレジデントウーマン」編集部が2020年にオンライン調査を実施している。「出世する人たちに共通点はあるか？」という質問に、「ある」と答えた人が64％で、第一に「上司・経営陣に気に入られている人」、第二に「コミュニケーション能力が高い人」、第三に「高学歴、プロパー社員」だった。

「出世するうえで社内政治は必要？」という質問には、必要だと思う人が80％以上。「あなたの会社には、仕事を進めるために、また出世するための暗黙のルールはある？」という質問に「ある」と答えた人が51％で、「既存のお気に入りしか知らされないルールを踏襲すること」「プライベートを優先しないこと」「年功序列、社歴が長いこと」「イエスマンであること」「男性であること」などの意見が寄せられたという。

男性社員は妻子を養うために、耐えがたきを耐え、忍びがたきを忍んできたことは確かだ。ストレスが多かっただろうと推察できるし同情できる。

共稼ぎが増えることで、男性社員の稼ぎ手としての負担が減る可能性はある。どちらもフルタイムの共稼ぎで、女性社員も男性と同等の給料が得られるようになれば、夫である男性社員の世帯の稼ぎ手としての責任は妻と分けあうことができるようになる。夫である男性社員も転職が以前よりは自由にできるようになるだろう。

ただし、そのぶん、男性が家事や子育ての負担も分け合うようにならなければ、今度は、妻である女性社員のストレスが増えることになる。

男性集団と女性集団に違いはあるか

第3章では、同質性集団がもたらす問題についてまとめてみた。集団思考、そして、そこから生まれる前例主義や説明責任のない組織、また終身雇用や年功序列制度から生まれる忖度やしがらみなどの問題について書いてきた。

こういった弊害は大企業病とか官僚主義と非難され、組織の不活性化を進める元凶だと言われてきた。それがわかっていながら、根本的な改革に着手する経営者は少なかった。やはり、損失回避性からくる現状維持バイアスにとらわれた人が多かったからだろう。同質性集団そのものが現状維持バイアスを増長したとも言える。

同質性の問題は、それが男性中心の集団でも女性中心の集団でも、基本的に同じはずだ。同質性の高い女性集団でも集団思考の問題はあるだろうし、そこから前例主義や忖度、しがらみも生まれるはずだ。だが、男性中心の同質性集団と女性中心の同質性集団では、その集団の性質が異なるものになるだろう。

よしながふみの漫画「大奥」がNHKでテレビドラマ化され、漫画ファン以外の層でも話題になった。赤面疱瘡という男性だけが感染する伝染病によって、男の数が4分の1に激減してしまい、江戸幕府内の男女の役割が逆転する。将軍や幕府内の要人の多くが男性ではなく女性だったら、という奇想天外な設定だ。

漫画では男女の役割が逆転しても、歴史的に起こったことは、史実としてそのまま描かれている。が、実際に、男ではなく女が幕府内の要人を務めていたら、歴史は変わっていたはずだ。

たとえば大きな事件では、女将軍が3代続いたら鎖国政策をもっと早くやめていたかもしれない。

小さな事件では、赤穂の藩主、浅野内匠頭が女性だったら、どんなに恨みがつのっても、松の廊下で刃物をふりまわしたりはしなかっただろう。ということは、赤穂浪士の討ち入りもなかったかもしれない（ちなみに、刃傷沙汰と女性とはそぐわないと作者も思ったのだろう。漫画でも赤穂藩主は男性の設定のままになっている。ただし、敵役の吉良上野介は老女。その女の上野介は、討ち入りで大石内蔵助に「御首をいただく。お覚悟を」と迫られたとき、「そんな馬鹿な！　内匠頭や大石がもし女であったなら決してこのようなことには……」と無念の言葉をもらしている）。

では、東芝の経営陣の半分が女性だったら、東芝の悲劇は起こっただろうか？

次の章は、そういった話になる。

第4章
男子系組織がもたらす想定外の弊害

東芝の権力争いは男性だから起きたのか

男性は競争を好むという説をよく耳にする。これが事実なら、男性が管理職の大半を占める会社では、トップの座をめぐって派閥を形成し権力闘争が起こる、という説の裏付けになる。

東芝は2015年に不正会計が明るみに出たことが発端となり、西田・佐々木、田中の3代の社長がそれぞれ引責辞任した。

不正会計が始まった直接の原因をたどれば、西田厚聰氏の社長就任への野心にいきつく、とされる。西田氏は、大赤字だったパソコン事業をわずか1年で黒字転換した功績によって、2005年に15代社長に就任した。短期間に黒字転換する偉業は「西田マジック」と社内でも評判になったが、マジックには必ずタネがある。台湾のODMメーカーとのバイセル取引を利用して一時的に利益が出ているように見せる手法を使ったのだ。

バイセル取引自体は自動車やスマートフォンの製造などでもよく見られる手法で問題はない。が、これが、のちに不適切会計から不正会計へと発展していく。

西田氏は野心達成のため、当時の13代社長西室泰三氏にさかんに取り入ったと言われる。そのおかげで、２０００年に、西室氏から次期社長にと指名された。が、当時は賛同者も少なく、代わりに岡村氏が14代社長となる。２００３年に再度次期社長候補に名前が挙がった。が、西田氏の出身母体であるパソコン部門が巨額の赤字を出し、赤字部門出身者が東芝の社長になるのは問題ではないかという意見が出て、社長就任が再度お預けになった。その無念さゆえ、何がなんでも業績を上げて社長になる、という執念が強くなったのではないか、それで、不正会計にまで手を出してしまったのではないかと言われる。

その西田氏に引き立てられて16代社長になった佐々木則夫氏は、社長になったら自分に目をかけてくれた西田会長をないがしろにするようになり、社長と会長との関係が険悪になる。

会長との関係が悪化するなか、佐々木社長は自分がいかに優れた経営者であるかを証明するために、各部門に広がっていた不正行為を黙認し、原発関連の減損を引き延ばし、利益を上げることに執着したのではないかと言われている。

男性の競争心もここまでくると弊害が大きい。東芝の経営陣の半分が女性だったら、東芝はいまのような悲惨な状況にはなっていなかったかもしれない。

そういった疑問に答えてくれる研究が、米国と日本で発表されているので紹介しよう。

女性は競争を敬遠し、男性は競争しすぎる

スタンフォード大学の2人の行動経済学者ニーデルレとヴェスタールントが論文「女性は競争を敬遠するのか？　男性は競争しすぎるのか？」を2007年に発表している。実験は、やや複雑なデザインになっているので、おおまかな内容をかいつまんで説明する。

男性2人・女性2人の計4人のグループを20グループつくる（被験者は全部で80人）。被験者は5分間で2桁の数字の足し算をする課題（タスク）を与えられる。

タスク1では1問正解あたり50セントの歩合制で支払われ、タスク2ではグループ内で正解数の最も多い参加者のみが1問正解あたり2ドルを得るというトーナメント制で支払われる。タスク3では、被験者は、歩合制またはトーナメント制のどちらかを選択して、自分が選んだほうで課題を解く。タスク4では歩合制のもとで課題を解いたタスク1の自分の成績を知ったうえで、どちらの報酬制度を採用したいか選択する。最後に、タスク1と2の自分の相対的順位を推測する。

タスク3でどちらの報酬制度を選択するかで、大きな男女差が見られた。トーナメント制を選択したのは、男性で73％、女性では35％で男性の半分以下だった。これは非常に大きな差であり、男性が競争環境を好み、反対に女性はそれを避けたいと思っていることが実証された。

この実験では、男性には自信過剰の傾向があることも明らかになった。実際の成績は、タスク1でもタスク2でも男女で変わりはなかった。つまり算数の能力で男女の差はなかったということだ。

だが、課題の終了後に、各被験者に自分の順位を推測させたところ、男性の順位予想は実力に比べて高く、あきらかに自信過剰の傾向が見られた。男性の75％が4人のうちで自分が1位だと答えたが、1位と答えた女性はわずか43％だった。研究者は、自信過剰であることが、結果として、男性が競争環境を選好することにつながっていると分析している。

もともとこの研究は、企業の上級管理職の女性の割合がなぜ低いかの理由を見つける目的から始まっている。

女性上級管理職の割合が低い理由として以前から挙げられているのは、①昇進して責任が重くなることを嫌う、②上級管理職になるほど長時間労働が多くなり子育てなどが困難となる、③女性差別があるために女性上級管理職の数が少ない……などだった。

研究者は、それ以外の理由として、女性は昇進する過程で競争が激しくなるのを嫌うからという可能性を考えた。

昔から言われていることだが、男子は子供のころから競争的ゲームを好む傾向が見られる。反対に、女子は子供のころから勝ち負けがはっきりしない遊びを好む。

2人の行動経済学者は、競争に対する態度が男女格差の原因になっているかもしれないという仮説を検証するために、前述した実験を計画した。そして、その結果として、彼女たちの説が肯定された。この論文は非常に大きな反響を呼び、似たような実験が追試の形で実施されている。

自信過剰が男性を競争させる

日本でも同じような実験が、4人の経済学研究者によって実施されている。米国で行われた実験の問題点を改善したうえの補完研究で、結果は、「自信過剰が男性を競争させる」というタイトルで2009年に発表されている。

結論をまとめると、次のようになる。

①女性より男性のほうが競争的報酬体系（トーナメント制報酬体系）を選択する確率が高い。ただし、日本の場合は、トーナメント制を選択したのは男性60％、女性20％で、男女ともに米国よりも低い。

②男性は女性よりも自分の相対的順位について自信過剰であり、女性は男性に比べて自分の能力に自信がない。トーナメント制を選択する男女の割合の差の大部分は、男性が女性よりも自信過剰であることが要因となっている。

③男女構成比が自信過剰に影響を与える。男性は女性がグループにいると自信過剰になり、女性は男性がグループにいないと自信過剰になる。

男性が競争を好み、女性が競争を避けるのは、後天的なものと生来的な要因と2つある。後天的な要因としては、男子は競争心を持つように育てられ、反対に女子は闘争心を燃やすことは女らしくないと育てられることが多い。

一方で、生来的な要因も大きい。なんといっても、男性ホルモンのテストステロンは闘争ホルモンだ。

男性は、私たちの直接の祖先であるホモ・サピエンスが誕生したころからだけでも、20万年~30万年間、食べ物や異性をめぐってライバルと戦ってきた。日本の実験にもあるように、男性は女性が実験グループ内にいると自信過剰になる。これも男性ホルモンのせいだ。

名誉欲がもたらした20万人の悲劇

男性が競争を繰り広げたのは、農耕定住生活が始まる1万年前までは食べ物や異性をめぐってだったが、いまは地位や権力、名誉やプライドも競争の目的となる。

たとえば、東芝では、社長を退任したあとも会社に残り、会長として経団連会長になることに野心を燃やす人が多かったようだ。先輩には、石坂泰三とか土光敏夫という名経営者がいて、どちらも経団連会長を務めている。名誉欲の強い人にとっては、経団連会長の座は人生の有終の美を飾るためにはどうしても必要なタイトルだった。

西田氏は15代社長になるまで5年間待たされた。2003年に次期社長候補に名前が挙がったときには、パソコン事業の赤字が邪魔をした。が、待たされたのには、もう一つの理由がある。13代社長の西室氏の経団連会長への執着心だ。西室氏は西田氏に目をかけて次期社長にと指名までしてくれたが、2000年に会長になってからは、経団連会長の座を虎視眈々と狙っていた。

当時の経団連会長であるトヨタ自動車の奥田碩氏が、2004年には退任するらしいという情報が流れた。ということは、西室氏は2004年まで会長の座に居座っていなくてはいけない。東芝には社長は4年交代という慣習があったため、14代岡村社長は2003年に退任する予定だった。

だが、それでは岡村を会長にして、西室は会長を辞め相談役にならなければいけない。相談役では経団連会長になれないので、岡村社長を続投させることにした。先輩の名誉欲のせいで西田氏の社長就任は、またボツになった。次は絶対に社長になる、誰にも反対はさせない。そういった西田氏の焦りがパソコン部門での不正会計に発展したことは前述したとおりだ。

結局、西室氏は経団連会長にはなれなかった。退任する奥田氏が西室ではなくキヤノンの御手洗冨士夫氏を後継指名したからだ。

大鹿靖明氏は、『東芝の悲劇』の最後に、こう記している。「東芝はついにトップに人を得なかった。20万人の社員にとって悲劇であった」

「人生は近くで見ると悲劇だが、遠くから見れば喜劇だ」とチャーリー・チャップリンが言っている通り。20万人の社員にとっては悲劇だが、遠くの第三者から見れば、歴代社長の野心、欲望、嫉妬が渦巻く人間模様は、笑えないドタバタ喜劇としか思えない。

「リーマン・シスターズ仮説」を検証する

前章で紹介したように、米国の投資銀行リーマン・ブラザーズの経営陣に多くの女性が加わっていれば、リーマン・ブラザーズが破綻することもなく2008年の金融危機も起こらなかった、という説は正しいのだろうか。

ケンブリッジ経済学ジャーナルに発表された「リーマン・シスターズ仮説」では、行動経済学、生物学、神経科学に基づいて、性の違いが金融行動にもたらす重要な違いを、リスク回避、不確実性への対応、倫理や道徳的態度、そしてリーダーシップの4項目で説明している。

最初に断っておかなくてはいけないが、男女の違いをあげつらねることは、「政治的に正しい（politically correct）」ことではないと考えるのが最近の主流になっている。よって、科学者までもが、性の違いが行動や態度に出ることを、生来のものと断言するのを控える傾向が見られる。代わりに、個人による違い、生まれてからの環境の違いなどを強調する。

たしかに、男子なら誰でも競争を好むわけではないし、反対に女子で競争を好む人もいるように個人差がある。また女子が控えめで意見を言わなかったり、威張ったり自慢したりするのを慎むのは、生まれ育った家庭やその後の社会環境でそういった教育を受けたからという考え方も正しい。両親に「女らしくふるまいなさい」と幼児のころから言われれば、そういった女性に育つ可能性は高い。男子でも家庭や学校で受けたしつけや教育によっては、競争を避け傲慢な態度を見せない大人になるかもしれない。

だからといって、女性と男性はまったく同じ、性の違いで行動や態度に差が出るものではないと断言するのも科学的ではない。男性脳とか女性脳とかを取り上げた書籍がベストセラーになり、これに対しては、科学的な根拠が薄いと一部の科学者が批判した。本書でも、脳の仕組みの違いで男女の考え方や感じ方を比較することは控えたい。

だが、ホルモンや脳内化学物質（神経伝達物質）についての研究はかなり進んでいる。男性ホルモンが男性の競争心やリスクをとる行動を高めることは、多くの研究結果が証明している。

そもそも、男女で違いがないというのであれば、多様性を唱えて、女性管理職を増やしても何の役にも立たないことになってしまう。女性管理職のリーダーシップが男性管理職のリーダーシップと違うところで多様性が出てくるのだから。

というところで、「リーマン・シスターズ仮説」に戻る。

米国のヘッジファンドリサーチのレポートによると、２０００年から２００９年の間、女性が管理していたファンドのほうが男性が管理していたファンドよりもパフォーマンスが56％も良かった。金融危機真っただ中の２００８年の後半に、男性は女性よりも2倍大きい損失を被っている。男女の行動の違いを見ると、女性ファンドマネジャーは、男性よりリスク回避をし、市場のボラティリティ（変動率）が高いときの対応が、男性より忍耐強く、自制心をもって不確実性に対応したという調査結果もある。

こういったジェンダーによる金融行動の違いをニューロファイナンスの研究者は、男性ホルモンであるテストステロンと女性が多く持っているオキシトシンで説明することが多い。

テストステロンのレベルで、男性トレーダーの投資行動に違いが出ることは、すでに説明した。男中心のトレーディングフロアでは、男のステータスをめぐっての争いが展開される。男同士のかけひき、ひけらかし、足の引っ張りあい、ライバルの蹴落としだ。

テストステロンのレベルが高いと、男性は自信過剰となり競争心を高めリスクをとる。つまり、テストステロンの高いレベルそのものが市場のボラティリティを高める原因となり、金融危機を引き起こす。

女性に多いオキシトシンは、共感性や絆を強めるホルモンと言われる。オキシトシンのレベルが女性で高いのは、このホルモンが妊娠や育児に深く関係しているからで、生まれたばかりの赤ちゃんを抱っこしている母親の脳内にはオキシトシンが神経伝達物質としてたくさん放出され、他者への愛情（この場合は赤ちゃんへの母性愛）、信頼、絆を高めることで知られている。

男性が競争環境において「戦うか、逃げるか」という闘争・逃避反応をとるのに対して、女性はこういった反応はとらない。女性は不確実で複雑な状況において、利害関係よりも人間関係に注意を払い、状況に応じた融通性をもって対処する。それが、金融危機においての投資家の行動に表れていると分析されている。

要は、男性、女性、両方のトレーダーがいれば、あるいはまた、金融会社の経営陣にもっと女性が含まれていたら、2008年の金融危機は防げたかも……というのが「リーマン・シスターズ仮説」の結論だ。

女性首相の国ほど、コロナ対策に優れる傾向

日本の組織は、同質性集団であるがゆえに現状維持バイアスが高く、集団思考になりやすい。また、男性集団であるがゆえに権力闘争をしやすいと書いた。

男性中心の同質性集団は日本の組織の大半に見られるが、その弊害が誰から見てもわかるぐらい如実に表れているのは政治集団だろう。ここでは、新型コロナ感染症対策を例にとって、国の政策を決定し実行する最重要組織である政府集団に注目してみる。

世界各国のコロナ政策の優劣を比較するときに、よく耳にした説は、指導者が女性の国のほうが対策がうまくいっているというものだ。女性首相や女性総督が率いるニュージーラン

ドや台湾は、コロナ対策で成功している例として、日本のメディアでもよく取り上げられた。女性指導者がコロナ対策で良い結果を出している例としては、他にも、ノルウェー、デンマーク、フィンランド、アイスランドなどが挙げられた。

この通説は、コロナ対策がうまくいっている国を調べてみると、女性が首相や大統領を務めているところが多いことに気がつく、というだけのことで、それを裏付ける統計データがあるわけではないと思っていた。が、２０２０年に、世界１９４カ国の調査結果が英国の大学研究者によって発表されている。

コロナ感染者数と死者数、この2点において、女性が指導者の国のほうが良い結果を出している。典型的男性リーダー国の感染者数は2万６４６８人なのに対し、典型的女性リーダー国の平均は1万９０６４人。死者数は男性リーダー国で２０２１人なのに、女性リーダー国は１１０７人となっている（１９４カ国のうち女性リーダー国は19カ国。サンプル数が少ないのを補うため、また、各国の国情の違いを考慮した統計処理で典型的男性及び女性リーダー国の数字を算出している）。

研究者は、「女性リーダーは男性リーダーに比べて、より素早く迷うことなく決断し行動した。彼女たちは、早い段階でこれは生死の問題だと結論づけ、経済がどうなるかに関係なくロックダウンをすることが必須だと断固決断した。それが実績につながっている」と書いている。

そして、ここからが大事なことだが、「よく、女性は男性と比べてリスクをとりたがらない、リスク回避の傾向が高いと評される。が、それは間違っている。たしかに、パンデミックにおいて、女性リーダーは生死にかかわる問題に関してはリスクを回避した。そして、男性リーダーは、経済に関する問題に関してリスクを回避しようとした。逆の観点から言えば、経済問題については、女性はリスクをとる決断をしたと言える。男性リーダーは、経済活動の影響を懸念して、国を閉鎖する決断ができなくてぐずぐず迷った……とするほうが正しい」とした。

世間の空気を読めない男性同質政権

日本のコロナ流行当時の安倍政権にしても菅義偉政権にしても、世論調査によれば、コロナ対策への国民の評価はあまりよくない。どちらも、緊急事態宣言を出すのが遅いと批判され、ＧｏＴｏトラベルよりもコロナ対策だろうと批判された。２つの政権の決断はどちらも、研究論文に書かれたような「経済へのリスクを回避しようとした男性リーダー」の典型的傾向を示している。

世界１６６カ国が参加しているＩＰＵ（Inter Parliamentary Union＝列国議会同盟）が、１１０カ国の国会議員２７２人から回答を得たアンケート調査では、積極的に取り組む政策課題に男女で違いがあることが明らかになっている。男性が外交、経済、教育といった課題に積極的だったのに対し、女性は性の平等、地域社会、家族などの課題に重点を置く傾向が高い。

こういった調査結果からも、男性が経済を重視して経済リスクを回避しようとするのに対して、女性が一般市民の暮らしを重視して生死のリスクを回避しようとする傾向が高いということが納得できる。

コロナは、一般市民の生活、暮らしに密接した問題だ。だからこそ安倍政権や菅政権の、男性指導者と男性を中心とした側近が考え出した対策や、その対策を国民にアピールするコミュニケーションそのものが、私たち一般市民にはどこか感覚的にずれたものに思えたのは当然の成り行きだと言える。

一定以上の年齢の男性政治家の毎日は、専業主婦がいて家事や子育てなど家庭のことは（場合によっては選挙区の後援者の応対を含めて）すべてを任せることで成り立ってきた暮らしだ。若い政治家のなかで、家事や育児にも積極的に参加している男性であれば、コロナ禍で学校を休校にすることが育児にどういった影響を与えるかすぐに理解できただろう。

安倍元首相を支えたブレインのなかに、家事に積極的に参加していてスーパーマーケットやドラッグストアで日常的に買い物をし、一般人の暮らしぶりを肌で感じている人がいれば、あのときに布製の小さなマスクを配布することの良し悪しを判断できただろう。我慢して自粛生活を送っている一般市民に、自宅で犬とくつろいでいる首相の動画を配信することは、自粛を進めるどころか反感を買うことになる可能性も想像できたことだろう。

いや、こういった理屈では説明しがたい。要は、政治家と、側近としてまわりにいる官僚たちが、いかにどっぷりと「男社会」に浸かっていて、外の一般人の考えることや感じることを想像できなくなっていたか、ということだろう。

空気を読まないというよりは、吸っている空気そのものが違う。どこか感覚的にずれていると批判されたのも当然だ。

女性が女性らしさを発揮できない集団

女性が首相や大統領になっている国は、それだけ、多様化が進んでいるということだろう。つまり、女性が指導者になれる政治環境では、様々な経歴を持った政治家や官僚がいるということだ。それがコロナ対策に有効に働いた。

米ニューヨーク・タイムズ紙も「女性に率いられた国のコロナ対策は（男性指導者の国よりも）なぜよかったのか？」という記事のなかで、「集団思考を避け盲点をつくらないようにするためには、多様な経歴や専門性を持つメンバーが集まって主要な決断をしなければいけない。だが、男性が率いる政権は、たとえば英国のように、首相が選んだアドバイザーに主に依存しており、外部の専門家からの異議に耳を傾けるチャネルをほとんど持っていない」と書いている。まるで日本の政権のことを言っているようではないか。

そういった意味で、少子化対策なども、男性の同質性集団である現在の政府が有効な対策を打ち出せるかどうかは懸念がある。最近では、岸田文雄首相の「産休、育休の期間にリスキリングを」という趣旨の発言についても子育て世代との認識のずれが指摘された。「産休・育休中は暇だろうという前提」「家事、育児をしながら勉強する暇があると思っているのか」とネットでも炎上した。

岸田首相は「私自身3人の子どもを持つ親。子育て自体が経済的にも精神的にも時間的にも大きな負担ということは経験しているし、目の当たりにしている」と弁明したが、これに対しても、首相夫人が文藝春秋の記事で、地元広島で育児を一人でしていたと述べ、「一人が夜中に熱を出したら他の子をどうするかとか、そういう時は結構大変でしたね」「主人には東京でしっかりやってきてくださいと伝えていました」などと語っていたことが明らかになり、やはり政治の世界は男社会と批判された。

要は、「経済にかかわる問題に関してはリスクを回避しようとした男性」と「生死にかかわる問題に関してはリスクを回避しようとした女性」が適度に混じった、多様性を持つ政治集団であれば、より柔軟な良い政策を考え実行できたであろうということだ。

誤解を避けるために付け足せば、生死問題のリスクを重要視する男性政治家、あるいは経済問題のリスクを重要視する女性政治家もいるはずだ。

もっとも、日本の政治の世界では、女性の数があまりに少ないために、男社会を変えるどころか男社会に取り込まれなければ再選もされないし役職にも就けない。女性の特長を発揮できない以前に、疑似男性の女性政治家が多いのが実態かもしれない。

なぜ夜の「会食」にこだわるのか

政治の世界には会食でつながる「男社会（オールド・ボーイズ・ネットワーク＝ＯＢＮ）」が色濃く残っている。コロナ禍の最中にも、国民には会食自粛を要請しておきながら、当時の菅首相自らが連日会食している（かけもち会食をした日もあった）ということで、批判を受けた。

それでも、「会食は政治家にとって必要だ」と食い下がる議員が多い。自民党だけではない。野党の議員も同じことを言って、国会議員の会食にルールを設けようと与野党議員がいっしょになって提案した。「人数は４人以下、午後８時以降は控える」というルールに基づく会食に理解を求めたが、日本医師会会長の「国会議員が模範を示して」というしごくまっとうな反対意見もあり、ルール作りは取りやめた。

なぜ、これほどの批判を受けても、まだ、政治家は会食にこだわるのか？

ひと昔ではなく三昔前までは、「料亭政治」とか「夜の国会議事堂」と呼ばれるものがあって、政治は料亭で会食しながら秘密裡に決まるものだと言われた。よく使われたのが赤坂の料亭。誰と会ったか知られたくない場合は、表向きの会食用と秘密の会食用と２つ部屋をとる。そして、表向きの会食をしている途中でトイレに行くふりをして部屋を出て、別の部屋で待っていた本来の相手と密談し、また、表向きの部屋に戻っていくという段取りもあったという。

１９８８年に、戦後最大の贈収賄事件とも言われたリクルート事件が発覚、大物政治家や官僚が逮捕されたことをきっかけとして、料亭政治は終わりをつげた。

代わりにホテルが使われるようになった。自民党の世代交代が進み、料亭の和食よりもホテルでの高級フレンチや中華などが好まれるようになったからかと思ったが、どうもそうではない。ホテルだと出入り口がいくつかあるので、誰と会ったか秘密にしやすいからだという。

話があるのなら日中堂々とミーティングすればよいだろうと思うが、それでは、内密の話ができない。あるいは、また、とくに議題があるわけではなく、情報を得たいということもある。雑談のなかで、相手の腹を探る。お酒が入れば、口が軽くなり喋ってくれる人もいる。

そして、相手から情報をもらったら、次にはお返しということで、こちらからも情報を提供する（ということは、また会食するということだ）。根回しというのもある。飲んだり食べたりしながらの世間話のなかで、こちらの意思をそれとなく伝え、賛成してもらえるかどうか相手の言動でそれとなく確かめる。

オールド・ボーイズ・ネットワークは汚職の温床？

裏で内密に物事の大筋が決められるから、会議を開くときには、何が話し合われ誰と誰が賛成するかなど内容も結果もわかっている。

すでに書いた「女性がたくさん入っている理事会は……」と発言した元首相は、年齢からいっても「料亭政治」の経験者だ。結果が決まっている建前だけの会議に慣れているのだろう。「男社会」のメンバーではない女性は、事前の情報交換や根回しからは外され、状況が呑み込めていないので、（元首相にしてみたら無駄な）質問や意見を口にする。だから、「理事会が長くなる」という言葉が飛び出した。

政治の世界で女性が「男社会」に入れない、あるいは入りたくないのは当然だ。アフターファイブの活動が重要視される政治集団で、女性が結婚後、子育てしながら働きつづけることはむずかしい。そんな女性がいたとしても、男性化した女性（男性集団で生き残るには、生き方や考え方そのものを男性政治家と同じようにしなければいけない。だから疑似男性）が多く、結果、多様性にはつながらない。

「女性と政治」をテーマにした「1万人女性意識調査」が2020年11月に実施されている（日本財団）。そのなかで、「女性の政界進出が進まない原因はなにか？」という質問の答えを見ると、1位は議員活動と家庭生活の両立の難しさ（35％）、2位は政治は男のものという世の中の価値観（34％）、3位は女性政治家や女性政治家志望者を育てる環境の未成熟さ（33％）、4位は男は外で仕事、女は家事・育児という性別役割分担意識（31％）とつづく。

この調査結果を見ても、政治の世界に根強く残っている「男社会」が、女性政治家誕生の障害になっていることがわかる。その結果が日本の女性議員比率の低さだ。

国際的議員交流団体である列国議会同盟によると、2021年、世界の下院（日本では衆議院）で女性議員の割合は平均26・1％、日本は９・７％と調査対象となった世界１８８カ国中で１６５位。ＯＥＣＤ諸国中最下位なのは当然だが、女性の社会進出が遅れていると言われるサウジアラビアよりも低いと話題になった。

岸田首相は、２０２３年4月に開催された男女共同参画会議で、東京証券取引所のプライム市場に上場する企業の女性役員比率を２０３０年までに30％以上にすることを目指すと表明した。企業に口出しすることも重要だが、クォータ制（格差是正のための割当て制度）を導入しなくてはいけないのは、なによりもまず政治の世界だろう。すでに書いたが、徐々に女性議員を増やしても、男社会に取り込まれて女性の特長が発揮できない。疑似男性の女性政治家が増えるだけだ。

ＯＢＮ（オールド・ボーイズ・ネットワーク）は政界にだけ存在するわけではない。同質的男性集団が長期間居座っている企業にも見られる。男性社員はある程度の役職に就くと、専業主婦に家庭を任せ、内集団や外集団のメンバーと、アフターファイブの食事や酒やゴルフ接待でネットワークづくりに励む。

そして、仕事の紹介から子供の結婚相手探しまで公私にわたって、このネットワークを利用する。こういったネットワークが、結局は、（最近、話題になった東京五輪の）談合や贈賄を含む汚職を生むプラットフォームにもなっている。

英語でオールド・ボーイズ・ネットワークと言うと、本来の泥臭さやうさん臭さがなくなる感じがある。昔ながらの「男社会」とか「おやじネットワーク」と呼んだほうが適切だ。

女性の社会進出が遅れたのは、家庭での地位が高いから

日本の家庭における女性の地位が高いことが、女性の社会進出を遅らせる要因となっている、と主張したら驚く人が多いだろう。だが、日本に住んで日本の家庭を観察する機会に恵まれた外国の人類学者や社会学者のなかには、この説に賛同する人がいる。彼らが、日本の家庭を観察して一番驚くのは、日本は世界では珍しく妻が家計を管理する世帯が多いことだ。

国際社会調査プログラム（International Social Survey Program）は、1994年、2002年及び2012年に家計収入を誰が管理しているかを調査した。2012年の結果を見ると、日本は、「妻がすべて管理して夫に必要なだけ渡している」が55・7％と、調査対

象国35カ国で2位を大きく引き離してトップに立つ。2位がフィリピンの51・3％、3位の韓国が49・4％で、その下は20％台に大きく落ちる。35位のスウェーデンに至ってはわずか1・9％だ。

海外、とくに共稼ぎ家庭の多い欧米では、「収入の一部を共同で管理し、それぞれ必要なだけ持っていく」共同管理型が多い。米国は49・4％、前述したスウェーデンは52・3％、ドイツは61・9％が共同管理型だ。中国も59・7％で、共同管理型が一番多い。だが、日本は「共同管理型」は35カ国中最低の11・2％。

日本の家計管理スタイルは海外とは大きく異なり、かなり珍しいタイプだと言える。

ちなみに、国内の2022年のアンケート調査結果を見ても、家計は妻が管理が45％、夫が管理は18・8％、2人で別々に管理しているは17％、2人で一緒に管理しているは11・3％となっていて、傾向は10年前とあまり変わっていない（結婚相談所パートナーエージェントが20～49歳の既婚男女2300人にアンケート調査）。

戦後の高度成長時代、夫は会社で残業を含めて長時間働くという仕事中心の生活をつづけ、妻が家事・育児を含め家庭のこと一切を仕切るという、性別分業が確立された。そして共稼ぎが増えたいまでも、夫はお金だけでなく子供の教育を含め家のことはほとんど妻に任せる。

２０２１年の調査（女性向け総合メディアサイトＳｐ・ｉｃｏｍ・ｉ調査）によると、夫のお小遣い制は45・２％なのに妻のお小遣い制は29・０％。バブルのころ、夫はコンビニ弁当で妻は高級レストランでランチと揶揄されたが、あながち事実とは異なるとも言えない。

妻は家計を握り、自分の家を自分の思うままに「経営する」ことができるわけだから、ある意味、家庭では夫よりも強い存在となる。家庭での権力者としての母親の言動を見てきた娘たちは、（会社で男性に仕えるよりは）専業主婦のほうがよいと思う割合が高い。いまでも、20代・30代の女性の調査をすると、専業主婦になりたいと答える割合が外で働きたいよりも高い。

ソニー生命保険株式会社が全国の20歳〜69歳女性１０００人に対し行った「女性の活躍に関する意識調査２０２２」によれば、働いていても専業主婦になりたいと考える女性がかなりの数いることがわかる。

同調査で有職女性（６７５人）に本当は専業主婦になりたいか聞いたところ、「そう思う」

は33・0%、「そう思わない」は40・6%だった。関心を引くのは、20代の女性の専業主婦願望は他の世代よりも高く43・2%もあることだ。

フェミニストとして著名な社会学者の上野千鶴子氏は、1987年に、シカゴ大学が出版している人類学ジャーナルに「The Position of Japanese Women Reconsidered（日本の女性の地位を再考する）」という論文を発表している。

この論文では、日本では、女性の社会的地位は低いが、〝主婦〟としての女性の地位は高いとし、「家族のことに関しては、親族との関係から子供の教育への投資、家を買うことさえも、夫は、妻の決定に干渉することはほとんどない。女性の権力の範囲は家庭に関するすべての問題に及ぶ」と書いている。

この論文を読んだオックスフォード大学の社会人類学者は、「日本の女性にとって社会における権限は必須なものではなく、重要なのは家庭を自治する権限だ。西洋のフェミニストモデルとは異なる……」とコメントしている。

この論文を読んでいたのかどうかは知らないが、1990年代に日本で社会人類学を研究していたアメリカ人は、自分が子供のころには父親が家計を管理する世帯の割合が50%以上あった米国の家庭と比較して、「日本の女性は家庭での地位が高く、それが社会進出を遅らせたのではないか」と博士論文に書いた。

この説を裏付ける海外からの声がもう一つある。妻が家計を管理する世帯数がわずか1・9％だったスウェーデンに1974年から住んでいる高見幸子氏（国際NGOナチュラル・ステップ・ジャパン代表）が、ウェブサイト「NIKKEI STYLE」（2013年10月25日）で次のような発言をしている。

「スウェーデンでは、日本のように、夫が給料を妻に渡し、妻が家計の管理をするという習慣がなかったのです。スウェーデンの夫は、家の経済的な権限を女性に渡すことはしませんでした。主婦は、無報酬で家事、育児をする女性にすぎず、社会的な地位もなく、男女間の不平等への不満が女性の間に高まったのです」。その結果として、外で働く女性が増えた。いまでは女性の就業率は80％を超え、女性議員の比率も47・0％と日本の9・7％を大きく上回っている。

日本では高度成長時代に男は外で仕事、女は家庭で専業主婦という性別分業が進み、政策的にも「家族賃金（世帯賃金）」「配偶者控除」「配偶者手当」といったように、妻が家庭にいることへの優遇策がとられ、性別分業をサポートするシステムが構築された。

性別分業は、毎年ある程度の昇給が可能だった高度成長時代においては、長時間労働をする夫（稼ぎ手）を支えるために非常に効率的でうまく機能した。そして、主婦である妻は、家庭の「経営者」として自由にふるまうことができた。スウェーデンのように主婦の地位が低く見られることもそれほどなかったのは、主婦がお金（家計）を握っていたからだろう。

その結果として、女性の社会進出が遅れたとすれば、なんとも皮肉な話ではないだろうか？

労働者ではなく消費者でありつづける日本の女性

同質的男性集団が日本の組織を支配していた歴史は、家庭における妻の座に想定外の影響を与えた。同じように想定外の例をもう一つ紹介しよう。これも、同じく海外からの声で気づいた目からうろこの発見だ。

ドイツのビジネス界で20年にわたる経験を持ち、日独産業協会の特別顧問もしている隅田貫氏が、ドイツ日本研究所所長のフランツ・ヴァルデンベルガー教授の次のような意見を紹介している。

「ドイツと日本は、国民をどう捉えるかの考え方が違います。ドイツは国民をどちらかと言えば労働者だと捉えて、労働者の権利に重きを置いてきました。日本は消費者だと捉えて、消費者の権利を重視していると思います」

たしかに、日本人は値上げについても品質についても、消費者の立場からの意見を主張することが多い。日本人は、物価が高くなることには敏感で反対の声を上げるが、賃金が上がらないことにはそれほど抗議の声を上げない。

日本の消費者のモノやサービスに対しての要求が細部にわたることも事実だ。外資系企業の社長が「日本の消費者に受け入れられれば、世界のどこに行っても大丈夫」とよくコメントしている。それだけ、日本の消費者が、他の国の消費者だったら気にもしない、主要な機能に関係のない細かい点に注視して苦情を言うということだろう。

最近ではカスタマーハラスメントも問題になっている。サービスの提供者に謝罪と称して土下座までさせたりする消費者には「自分も労働者だ」という自覚がない。

これも、「男は仕事で女は家庭」といった性別分業をしてきた結果だと言える。人手不足が大きな問題になる前まで、政府も企業も女性を一人前の労働者とは認めず（男女の昇進の差、賃金の差等々）、それどころか配偶者控除なるもので、税金控除を受けるには年収が１０３万円以下でなくてはいけないと定めている。こういったルールは、女性に労働者としての意識よりも消費者としての意識を持たせる結果につながった。

そのうえ、家庭の「財布の紐」は女性が握っているために、消費における購買意思決定権も女性にある。「家庭内の購買決定権」は誰にあるのかという調査はいくつかあるが、結果はどれも同じ。例えば、２０２１年のネット調査では、家庭内消費に関する20項目のうち15項目で妻が決める。つまり、家庭内消費の８割で女性が決定権を持つという結果が出ている。こういった調査によれば、日本では女性が消費者を代表するとみなしてもよいだろう。

女性を代表とする日本の消費者は賃金の上下よりも物価の上下に敏感となった。これが、他国に比べて、物価を簡単に上げられなかった大きな要因ともなっている。デフレが20年以上という、世界にまれに見る長期間つづくことになったのは、自分を労働者というよりは消費者だと認識する女性が多いことに深く関係していると思われる。

女性リーダーの特徴は自信のなさ

本章では、同質性男性集団がもたらした弊害、とくに、あまり指摘されない想定外の弊害について書いてきた。だが、この章では男女の違いについて触れているので、章の最後に、テーマとは若干異なるが、女性リーダーの特徴について書いてみる。

女性管理職を増やすことを目指す企業の人事担当者の多くが困っていることがある。女性を昇進させようとしても、「自信がない」と躊躇したり、なかには断る人もいる、というのだ。

働く女性を対象とする意識調査も数多く実施されているが、同様の傾向が見られる。昇進したくないとか管理職になりたくないと答える女性が多く、その理由として挙げられるのは、「責任が増える」「仕事量が増える」と同じくらい上位に、「自信がない」という答えも挙がってくる。

その結果、女性を管理職に昇進させるためには、この「自信がない」という意識をなんとか変えなくてはいけない、と結論づける調査機関が多い。だが、それは間違っている。女性をリーダーにと言いながら、リーダー像として男性リーダーの平均像を頭に描いているから、こういった結論になる。

自分たちがこれまで見て経験しているのは、ほとんどが男性リーダーだ。よって、リーダーといえば、つい男性リーダーの平均像を思い浮かべるのも無理はない。

だが、すでに書いたように、「男性は競争環境が好きで、自信過剰の傾向」がある。決断力があることを見せたがり、自分の意見を自信をもって主張する。だが女性は違う。女性は、100％完璧でなければいけないと考える傾向があるので、自分の仕事ぶりに対しての評価も低い。昇進して上級管理職の仕事をすることに対しても自信がないと答える。

これは日本に特有なことではない。欧米での調査でも、働く女性の多くが自信がないと考えている。

たとえば、2011年の英国での管理職を対象にした調査によると、「自分の仕事ぶりに自信を持っているかどうか」という質問に、男性管理職の3分の1くらいが自信がないと答えているのに対して、女性管理職の場合は自信がないと答えたのは2分の1にも及ぶ。

興味深いのは2015年に米国で行われた調査だ。一流大学で教えている経済学者男女を対象に、経済学のいくつかの説を紹介して、それに同意するかどうかを尋ねたところ、女性経済学者は男性経済学者に比べて、強く同意するとか強く反対するといった（自信を示唆する）意見を述べる割合が30％低かった。米国の一流大学の経済学者でも、女性は自分の回答内容に自信が持てないことに驚く。

部下との合意形成を重視する女性管理職

だが「自信のなさ」が、女性を男性と異なるリーダーにさせる特徴なのだ。自信がないということは傲慢ではないということ、態度が横柄でないということ、聴く耳を持つことでもある。他の人間との関係性を重視し、争うことを避ける。相手の心理を読むことに長け共感性が高い。

日本とは違い、ある程度の大きさの企業の上級管理職を務める女性が多い欧米では、女性管理職のリーダーシップが男性とはどう違うかを調査分析した研究が多くある。そういった研究をまとめると、女性のリーダーシップは民主的で、部下と目標やビジョンを共有することを重視するスタイル。部下を報酬もしくは力関係によってコントロールしようとするリーダーシップとは異なり、部下との双方向性、合意形成を重視し、情報や権力を共有し、協力体制を採用する、とある。

「国を率いる力がない」と言って辞任した首相

ここで、女性のリーダーシップの典型とも言える人を紹介しよう。

コロナ対策で最も共感性の高いリーダーとして賞賛されたニュージーランドのジャシンダ・アーダーン首相だ。２０１７年に37歳で首相になり、２０１８年に女児を出産し、世界で初めて首相在任中に産休をとった政治家となる。彼女を世界的に有名にしたのは、パンデミックのなか国民に共感性あふれるメッセージを送りつづけたコミュニケーション力だ。

２０２０年３月、ロックダウンする直前に、自身のフェイスブックから動画メッセージを発信し、国民に直接呼びかけた。

子供を寝かしつけたばかりなのでカジュアルなトレーナーを着ていることを謝ったあと、「これから私たちはかつて経験したことのない状況に直面します。ですから、少し皆さんとお話をしたいと思いました。私たちはいつでもあなたの声に耳を傾けていますから、決して一人ではないことを覚えていてください」

「今後、私たちが皆さんに送る指示は、完璧ではないものもあると思いますが、基本的には正しいものです。また仕事を休むことになるかもしれませんが、それは失業ということではありません。むしろ皆さんが仕事を休むことで、人の命を救うことになるのです。ですから、皆さん、他人に優しく、できるだけ家にいましょう。そしてウイルス感染の連鎖を断ち切りましょう」

国民を元気づけるのに長けた首相だった。が、就任6年後の2023年に辞任した。経済停滞が続き支持率が低迷していたという。

辞任の理由も彼女らしいものだった。「国を率いていくだけの力（余力）がない」と言って辞任したのだ。

自信がないと言って辞任した男性政治家はあまり聞いたことがない。男性リーダーと女性リーダーを比較した調査研究によると、女性リーダーは自信がないことを素直に認める傾向が高いことが指摘されている。明らかに男性リーダーの典型的タイプとは異なる。

辞任を発表したときには、ニュージーランドの人たちには自分のことを「親切な人間になるため、常に努力した人」と記憶してもらいたいとも述べた。「親切な人間は同時に強い人間でいられる、共感力とともに決断力も持てる、楽観的でありながら集中力も持てる。そして誰もが、自分らしいリーダー、自分が去るべき時をわきまえているリーダーになれる。そういった信念をニュージーランドの人たちに託したい」

辞任後の記者会見では、「政治家を辞めたら家族との生活を大切にしたい」と言ったので、批判する声もある。日本だったら、「いいよな、女は。逃げるところがあって」という陰口が聞こえてきそうだ。

政治の世界でも実業界でも、自ら身を引くことなどなく、いつまでも地位や権力にしがみつく男性リーダーがいる。そんな男性リーダーのなかに、自信がないことを認め、家族の元に戻ると言える女性リーダーが混ざれば、政治文化も企業文化も変わり、同質的男性集団で問題となる忖度とかしがらみも減少するのではないか。

自信がない女性リーダーと自信過剰の男性リーダー、その両方が混在する組織。こういった組織を経営するのは面倒そうではあるが、何か新しいものが生まれてくる予感はする。

第5章

同質性集団が繰り広げる同質的競争

日本人は模倣民族、それとも消化吸収する民族？

日本企業の行動特性の一つとして、同質的競争を展開することが指摘されている。日本企業は同業他社と同じような行動をとる。他社が販売している商品が売れれば同じような商品を出す。他社が価格を下げれば自社も下げる。他社が異業種に進出して話題になると、自社も追随する。日本企業の同質的行動というか同質的競争の例を見ると、高度成長時代からバブル景気のころには、驚くほどあからさまなものが多い。

典型的な例がドライビール戦争。アサヒが１９８７年に「スーパードライ」を発売。予想を上回る人気を呼んで、年間実績が当初の販売目標の13倍の１３５０万ケースに達した。アサヒの市場シェアは10％から12・９％にまで上昇。スーパードライは１９８７年の日経ヒット商品番付で東の横綱に選ばれた。

焦ったキリン、サッポロ、サントリーといったライバル企業は、１９８８年、それぞれ独自のドライビールを販売した。が、そのとき、発表された名称、パッケージ・デザインなどが、「スーパードライ」に酷似していた。たとえばサッポロのドライビールは、名称が「エクストラドライ」で、ラベルもスーパードライと同じ銀地に黒文字のデザイン。それを見たアサヒは「登録商標の一部であるドライを商品名とし、ラベルデザインもそっくり。不正競争防止法の類似商品に当たる」として、社長名による内容証明郵便を送りつけ、法的手段も辞さないと抗議した。

1970年代には、電卓市場での競争もあった。とくにカシオとシャープはどちらの電卓がより小さくて薄いかを争った。数カ月ごとに新製品が出され、そのたびに、「どちらの電卓が世界で一番薄いか」のタイトル争いが繰り広げられた。その後、カシオが時計、ラジオ、ゲームなどがついた多機能電卓を発売すると、シャープが追随。両社は次々と多機能電卓を発売してしのぎをけずった。

最近では、ドライビールや電卓のようなあからさまな模倣は見られない。が、価格競争では同じようなことが起こっている。同業他社が価格を下げればすぐに下げる。同じように、業界の1社が、価格を上げれば、待っていたとばかりに他社が次から次へとすぐに追随。外からは一斉に値上げしたかのように見える。

このような日本企業の同質的行動というか同質的競争は、海外ではまね（模倣）とみなされる。実際、松下電器（今のパナソニック）は、国内外の大手メーカーが売り出した製品をすぐにまねして似たような製品を販売することから「マネシタ電器」と揶揄された。もっとも、創業者の松下幸之助は１９６５年に「日本人は決して単なる模倣民族ではないと思う。吸収消化する民族である」と書いている。

「吸収消化」という言葉を深読みして、日本企業は模倣したものを、競合他社と競争しながら小さな変化を積み重ねて、最終的には原型からは想像できないほど優れた製品をつくり出すと解釈することもできる。

実際、前述した電卓は小型化、低価格化が進み、オフィスから個人への利用が進むことで市場規模が一気に増大した。生産量は１９６５年の４０００台から１９７０年代には１００万台に増大し、海外輸出も進み１９８５年にはピークの８６００万台を記録して、日本の電卓は世界を席巻した。

当時は、日本の経済発展に驚いた欧米の研究者たちの間で、日本に学ぼうという意識が高く、模倣に関しても好意的な意見があったようだ。「アメリカ人はなぜ模倣が下手なのか？（Why are Americans such poor imitators?）」という１９８８年の論文では、米国と日本ではイノベーションに対する考え方の違いがあるのではないかと指摘されている。

米国ではイノベーションとは創造的破壊であるが、日本では小さな変化の積み重ねが重要だと考えられている。また、米国ではイノベーションは画期的新製品ということでハードウェア的特徴があり、見えやすく模倣しやすい。反対に、日本の特徴は業務プロセスのなかにある。製品設計者とエンジニアとの間、あるいはサプライヤーと企業との間の密接なコミュニケーションなどは定性的で見えにくいから模倣しにくいとも指摘されている。

当時の模倣には、海外の研究者も認めるように、それなりの付加価値があった。

赤信号、みんなで渡ればこわくない心理

同質的競争は、最近では、「模倣」とは言わず、「横並び」という言葉で批判されることが多い。日本企業はなにごとにおいても他社と足並みをそろえようとする横並び意識が強いといった批判だ。

横並びというのは、結局は、現状を維持したいという意向がなせる業だろう。企業が同業他社の新しい動きを素早く察知して同じ行動をとろうとするのは、現在の自社の地位（市場

シェア、市場におけるポジション、他社との関係）を失うことを恐れての行動だ。つまり、現状を守ろうというか現状を変えたくないという意志の表れだと言える。

お互いに同じ行動をとっている限り、企業の競争力のバランスは崩れず、いずれの企業も良くも悪くもならない。その意味で、同質的行動はリスクを抑制する。「赤信号、みんなで渡ればこわくない」の心理だ。変化をして自分だけが損はしたくない。変化するならみんな一緒、という意識だ。

環境が不確実なとき、他社をまねることは、ある意味、最も失敗の確率が低く、失敗の程度の小さい戦略となる。「戦略」と書いたが、日本企業の経営者の多くはそれを戦略と意識して行動しているかどうか怪しい面がある。

日本企業の行動は戦略ではなく、反応である

1958年に出版された『日本の経営』では、日本企業の強みは終身雇用や年功序列といった雇用制度にあると指摘され、日本特有の雇用制度が海外に注目されるきっかけとなった。日本人が、日本の雇用制度を日本の美徳とみなすようになる原因をつくった本だといっ

ても過言ではない。

この本の著者であるジェームス・アベグレンは、１９８５年に「Ｋａｉｓｈａ」という本を出し、そのなかには日本企業の同質的競争についても次のような意見が述べられている。

「ライバルに出し抜かれた場合、欧米の経営者は一般的に慎重に考えた上で対応を決めるのに対し、日本の企業は競争相手の独走を決して許さないかのように間髪を入れずに対応する。日本企業は、ライバル企業に遅れをとることをもっとも恐れるので、ライバルに出遅れないように最大限の努力を払う。もしある企業が成功したら、すぐにその要因を分析し、模倣、追随が起こる。この同業他社への強い関心が、日本企業の競争を形作っている」

ここに記されている行動は戦略ではない。たんなる反応（リアクション）である。では、どうしてこんなリアクションをするのか。

内集団バイアスで考えると理解が進む。同じ業界は、ある意味、内集団だ。日本企業は内集団のメンバーの動きを仔細に観察し分析する。そして、ライバル企業の行動に後れをとらないように追随する。

高度成長の時代は、そういった内向き姿勢でもよかった。市場自体が成長していたからだ。バブルの時代でも、他社のまねをする同質的競争を展開することは、売上を上げ市場シェアを上げるという成果をもたらすことができた。

ドライビール戦争のとき、アサヒの市場シェアは、スーパードライで10％弱から12・9％まで上昇した。市場が成長していないときには、シェアを3％増やすには、競合他社のシェアをそれだけ奪いとらなくてはいけない。販促費用もかかり、自社の利益にはつながらない。市場が縮小傾向のいまなら、自社のシェアが増えても、売上をやっと維持するだけということになる。だが1980年代は、まだビール市場の規模が伸びていた。出荷数量ベースで見た市場規模は1965年から拡大をつづけ、1970年には2億ケースを超え、1991年には5億ケースを突破している。

ドライビールを消費者が求めているのなら、他社もまねをしてドライビールを出せば、シェアを奪い合うのではなく、それぞれが少しずつシェアを増やし、ビール市場全体の規模を広げる可能性があった。

なぜなら、日本の人口はまだ伸びており、消費市場は依然拡大傾向を示していたからだ。

業界外の動きに鈍感だった日本の経営者たち

人口が増えている間は、他社のまねをする同質的競争を展開することは、売上を上げ市場シェアを上げるという成果をもたらすことができた。なぜなら、日本の消費者市場の規模自体が大きくなっていたからだ。

日本の人口は、第1回の国政調査が行われた１９２０年には約５６００万人。それ以降、第二次世界大戦の影響があったにもかかわらず、右肩上がりで増加をつづけ、１９７０年には1億人を超えた。

つい最近まで、そのありがたさに気づかない人が多かったが、人口1億人、しかもある程度の経済レベルを持った人口1億人を抱える国は、世界的にも希少だ。少子化問題が叫ばれているので、つい忘れてしまうのだが、日本は、いま（２０２３年）でも、世界で15カ国しかない1億人超えの国なのだ。経済レベルの高いＯＥＣＤ加盟国で日本より人口の多い国は米国しかない。

日本がＧＤＰ（当時はＧＮＰ）で米国に次いで2位になったのは１９６８年。当時の人口は約9900万人だったが、先進国では米国に次いで2番目の人口規模だった。昔からよく言われているが、2010年に中国に2位の座を譲るまでの42年間、日本がGDP2位の座にいつづけられたのは、人口規模が大きかったからだという説は間違っていない。

なぜなら、日本の生産性は昔から高いとは言えないからだ。GDP世界第2位でありながら労働生産性は1970年、80年ともにOECD加盟国で20位だった。バブル景気に沸いた90年は14位に上がったが、その後、しばらくの間は20位あたりにとどまっていたが、2020年には27位に下がっている。同じことは、中国やインドにも言える。どちらも生産性がそれほど高くならなくても、人口の大きさによりGDPランキングで中国は2位を維持するだろうし、インドが近い将来3位になる可能性は高い。

人口の大小は、国の経済規模の決定的要因となる。市場規模が大きくなっているときと、縮小しているときでは、企業の経営の仕方や競争の仕方は当然変わらなくてはいけない。市場が縮小しているときに、同質的競争をすることは、互いの利益を減らすだけの消耗戦になることが多い。それどころか、市場自体を失うことにもなる。

人口が横ばいになった90年代や2000年代、内集団バイアスで同業他社の動きには敏感に反応してきた日本の家電メーカーは、その内向き志向のせいで、外集団である海外の新興国のメーカーの動きを見逃した。

また、消費者の変化にも無関心だった。より高品質、より多機能を突き詰めることだけに専念した。多機能化といっても付加される機能はもはや消費者の要望を満たすものではなくなっていた。

新興国の消費者は機能は少なくても低価格の商品を求め、日本や欧米諸国の消費者は使いこなせない機能を備えた過剰品質の商品よりも、デザインでの差別化を求めるようになっていた。

だが、日本のメーカーは、こういった外の動きに鈍感だった。

「他社もやっています」が、社長説得の最強の材料

最近、目立つのは、価格における同質的行動だ。競合他社が下げれば自社もすぐ下げる。上げるほうは、消費者の反応がこわいので、「満を持して」機会を待つといった感じがある。物価が上がることに対する正当化ができ、世論の理解が進むようなタイミングを待つ。そう

いった機会がなかなかなく、日本企業は数十年我慢した。が、ロシアのウクライナ侵攻をきっかけに原材料価格や物流コストが上がったことが、毎日のようにニュースで報道されるようになり、各社一斉に値上げに踏み切った。

ドイツのサイモン・クチャー&パートナーズは、プライシングに関しては世界的に高い評価を受けているコンサルティング会社だが、同社が2012年に日本を含めた23カ国、24業種の管理職を対象に調査をした。そして他の国と比べて、日本企業のプライシングには大きな特徴があることを明らかにした。

米国や英国では「価格競争などない」と答えた企業が30%以上だったのに対して、「自社が属している業界で価格競争がある」と答えた日本企業は90%以上、「自社もその競争に参加している」という答えは75%以上だった。面白いのは、その75%の企業のうち、競争は自社ではなくライバル企業が仕掛けてきたと思っている企業が94%。自ら意図的に仕掛けたと答えたのは、わずか2%だった。

大半の企業が、ライバルが仕掛けてきたと思っている。相手が安くしたから、自社も安くせざるをえなかった、と被害者意識が高い企業が大半だったと解釈できる。

実際に起こったことを想像してみるに、たとえば今月の売上が下がっているので10日間だけ値引きキャンペーンをしてみた。すると、競合他社が対抗値下げキャンペーンを自社よりも大々的に実施。仕方がないので、こちらもキャンペーン期間を延長した。

価格戦略があるわけではない。どちらも同業他社の動きに反応（リアクション）しているだけだ。

このように、日本企業の経営者は、戦略はむろん、これといった考えもなく同質的行動をとることが多い。だから、社内で経営者の判断を仰ぐときに部下が使う最も効果的なセリフは、「A社もそうしています」だ。

経営者に新しい企画を実行するよう説得するときに、判断材料となる資料を用意しても無駄なことが多い。一番効果的なのは、自社と似ている（同じような規模の同業他社）企業が実行して成功しているという例を挙げることだ。それだけで、経営者の注意をひきつけることができるし、一番手っ取り早く承認を得ることができる。

百貨店業界が衰退した通説的な原因

同質的行動をとった典型的業界として百貨店を取り上げてみる。バブルの時代から失われた30年の間、百貨店はこれといった独自の戦略もなく競合他社と類似した行動をとりつづけた。

百貨店業界が衰退した理由としていくつかの問題点が挙げられ、もはや、出尽くした感がある。①百貨店の売上の5割前後を占めていた衣料品が売れなくなった、②どこの店舗に行っても同じようなブランドが並び差別化が見られない、③ネット通販で便利になんでも買える時代になり、わざわざ店舗まで行く必要がなくなった、等々。

どの店舗でも同じようなブランドや商品が並んでいたのは、百貨店が品ぞろえから販促まですべてを仕入れ先に任せ、売れなかったら返品できるといった「自分は損をしない殿様商売」をしていたからだ。1985年ごろまでは商品を購入して販売する「買い取り仕入れ」が7〜8割を占めていた。が、バブル崩壊後、収支が悪化するなか、コスト削減策の一つとして始まったのが「消化仕入れ」だ。店頭で売れたとき初めて仕入れとなり、百貨店が在庫リスクを負わずにすむ仕入れ手法だ。この仕入れ方法が７割強を占めるようになった。

それだけではない。仕入れ先に品ぞろえを任せ、販売員も仕入れ先から派遣してもらう。総売上の５割を占める衣料品において、大きなコスト削減ができるようになったわけだ。その結果、どこの店舗も同じようなブランド、同じような衣服が同じようなディスプレイで並ぶことにもなった。

どの百貨店のどの店舗に行っても差別化がされておらず代わりばえしないこと、働く女性が増えショッピングに使う時間が限られてきたこと、それなのに、ネット販売の利用が遅れたことなど、百貨店という業態が衰退した原因として指摘されてきた内容はどれも正しい。

だが、一番肝心な点はあまり強調されていない。

百貨店業界が衰退したシンプルすぎる真因

肝心な点は往々にして非常にシンプルだ。あまりにシンプルすぎて、それだけでは数ページの特集記事にもならない。まして「なぜ、百貨店はダメになったか？」というタイトルの本の数百ページを埋めることもできない。だから、細々とした理由がいくつか列挙されることになる。

肝心な理由とはなにか。この点に対処しないかぎり、他のどの問題点が解決されても、百貨店は衰退する運命を避けることができない、そんな根本的理由とは。

答えは簡単だ。市場規模の割に店舗数が多すぎることだ。

人口が減少するなか、バブル時代に「いま売れている」からという超短期的展望から店舗を増やしすぎた。その結果、バブルが崩壊したら店舗数が過剰になった。

その後の失われた30年、百貨店は構造改革の名のもとに店舗閉鎖と人員削減に明け暮れた。それでも店舗数はまだ適正とは言えない。

たとえば、ニューヨークやパリでもデパートの数は5~6店舗だ。東京は現在でも20店舗近くある。人口とか都市の大きさからして、東京の適正店舗数は10店舗くらいだろう。

人口問題を真剣に考えなかった経営者たち

日本は1975年から現在まで少子化が毎年進んでいた。経済は人口構造によって大きく変わることは、昔からデータに基づいて明確に予測されていた。

日本の多くの経営者が師と仰いだピーター・ドラッカーも、経営者や政治家は意思決定をする前に、人口構造を分析するべきだとしたうえで、「人口構造の変化に備える時間は十分にあり、その変化を捉えることこそがビジネスチャンスであるにもかかわらず、多くの企業人が人口構造の変化をチャンスにするどころか、事実としてさえ受け入れない」と指摘していた。百貨店は人口構造の影響をまともに受ける小売業であり、しかも百貨店の開店投資額は他のどの小売業態よりも大きい。いくらバブルで世の中が浮かれていたとしても、経営者は長期的展望に立って店舗数を考えるべきだった。

だが、百貨店は地方百貨店を含めて、バブル時代（１９８６年から91年）に「いま売れている」からと新規店舗の出店計画を進めた。１９８０年に全国で２３６店あった店舗数は、バブル崩壊後の93年に２７３店、97年には２９４店と増え、99年には３１１店まで膨れ上がっていた。

バブルが崩壊した１９９１年の前年１９９０年には、「１・57ショック」が話題になった。一人の女性が産む子供の平均人数「合計特殊出生率」が１・５７人と過去最低となったと公表され、「出生率が２・０７人を下回った国は総人口を保つことが不可能になる」という専門家のコメントが世間に衝撃を与えた。

「1・57ショック」があった年、百貨店は10兆円の売上高（全小売業の6％シェア）を記録し、バブル崩壊前のピークを迎えていた。このときに、すでに決まっていた出店計画を見直すことができなかったのか。それともしようとしなかったのか。バブル崩壊後も開店数が閉店数を上回る時期がつづき、景気が悪化するなか、多店舗化が進んだ。

多店舗化競争の先頭に立ったのは「そごう」だ。1960年代には大阪、神戸、東京の3店舗だけの小規模な百貨店にすぎなかった。が、日本興業銀行出身の水島廣雄氏が社長に就任すると、バブル時代の「地価は必ず上昇しつづける」という土地神話に惑わされ、店舗の不動産を担保にして銀行から資金を借り、その資金でまた出店を重ねるという手法で店舗網を急速に広げた。1990年代には国内30店舗と日本一の百貨店となった。が、バブルがはじけ業績が悪化。その上、地価が下落し、担保価値が下がり、経営は傾いた。2000年に1兆8700億円の負債を抱え、民事再生法の適用を申請、事実上倒産した。

他の百貨店も、そごうほどのスピードではないにしても同様に店舗数を増やした。1990年までには、三越、高島屋、伊勢丹、松屋など老舗百貨店各社が「生活総合産業を目指す」という同じような目標を掲げ、国内外での多店舗化と事業多角化を二本柱とする経営計画を策定している。消費者のニーズの多様化に沿って劇場、カルチャーセンターなど様々なサービス（今で言うコト消費）を提供するためには大型店舗が必要ということで、巨艦店も作られた。都心の大型店の場合、投資回収までに30年はかかると言われていたころの話だ。

このとき、百貨店の経営者のなかには、日本の人口減少に注意を払った人は誰もいなかったのだろうか。バブルで売れているからといって、あるいは同業他社が積極的に多店舗化、多角化を進めているからといって、10年先、20年先の市場を想像してみることも忘れてしまったのだろうか。

遅くとも1990年の「1・57ショック」のときに、出店計画を凍結するとか、あとで閉店・撤退しやすいような形の店舗にするとか、いろいろ考えることはできただろう。たとえば、この10年、売上低迷で苦境に陥った多くの百貨店がテナントビジネスを始めている。既存の店舗内における百貨店面積を減らし、他のサービス業をテナントとして誘致する。これなら家賃収入が定期的に入ってくる。当時でも、それはできたはずだ。

衰退後もつづいた「横並び」の経営改革

ここに書いたことは、たしかに後知恵バイアスだ。それに、当時の経営者は、「国内市場が縮小することがわかっていた。だから、海外出店も積極的に進めた」と反論するかもしれない。だが結局は、バブル崩壊で、過剰投資で負債を抱えることになり、海外出店も中途半端な形で終わってしまっている。

景気が悪くなって売上が低迷し始めてからも、百貨店業界の同質的行動は止まらない。地方百貨店を含めた百貨店各社の多店舗化で、縮小する市場においては当然ながら競争が激化。売上が横ばいのなか、高コスト体質のせいで収支が悪化する。これを打開するために、新しいことにチャレンジするのではなく、各社とも現状維持のコスト削減策に着手した。前述した「消化仕入れ」が進み、販促も販売員も仕入れ先に任せることで、百貨店は在庫リスクからも解放され、大幅な経費削減を進めることができた。が、同時に店ごとの個性が失われ同質化を招いた。

縮小する市場で成長を維持していく戦略といえば、①新規市場の開拓、②既存市場の拡大、③市場にいる既存企業の数を減らすために買収や統合を通して再編を進める、である。

新規市場である海外市場への進出は進めていたが、きちんとした戦略を立てたうえで海外店舗の開店をしたというよりは、競合他社の動きに遅れまいとしてバブルで浮いた余剰資金を投資しただけ。バブル破綻とともに海外進出への熱心さは失われた。

ネットの利用は、成功すれば、新規客の拡大につながり既存市場の拡大につながったが、これも、海外市場への進出と同じ。経営者にはネット販売に関しての戦略も長期的方針も、そして熱意も見られなかった。他社のまねから始まり中途半端のままで終わってしまっている。それは、今も同じだ。

失われた30年の間、百貨店業界の再編が進んだとはいえ、雇用維持を名目に店舗の数を思い切って短期間のうちに減らすことはできなかった（できないと経営者は考えた）。そして、どの百貨店も構造改革の名のもとに実行した施策は、どの会社でも経営者は同じなのかと思うくらいまったく同じだった。

人気の化粧品売り場とかデパ地下を強調した売り場の改善、ネット販売の展開、店舗とデジタルを融合したオムニチャネル化。そしてテナントビジネスで安定した家賃収入を得るという不動産ビジネスを開始した。それすらも、ユニクロ、家電専門店、ニトリといった同じような人気店舗を誘致したために、同じようなテナントが並ぶショッピングビルとかショッピングモールがつくられる。

百貨店の数は減っても、今度は、似たようなショッピングビルやモールが過剰の状態だ。

マス市場から脱却できなかった百貨店やアパレルメーカー

ワールド、オンワード、三陽商会といった老舗大手アパレルメーカーは、百貨店にある販売店からの売上に依存していた。百貨店が衰退したから、大手アパレルメーカーが衰退したのか。はたまた大手アパレルメーカーが衰退したので百貨店が衰退したのか——。二者の関係は一蓮托生と言える。

百貨店も、アパレルメーカーも、高度成長時代、一億総中流と言われるように中間所得層が増大したときには適切だった「お客様をマスとして平等に取り扱う」戦略で成長した。

百貨店は、中間所得層が縮小する市場において、店舗数を増やして競争激化を招き、衰退。アパレルメーカーは、中間価格帯のいくつかのブランドを抱えていたが、それは、あくまで中間所得層をライフスタイルというあいまいな概念でセグメンテーションしただけのものだった。中間所得層の規模が急激に小さくなるなか、誰にでもアピールする商品を大量生産するコスト構造が不適切なものになっていったのに、それへの迅速な対応を怠った。

１９９０年代には国内で年15兆円あったアパレル市場はコロナ以前に10兆円を割り込んでいた。若者が洋服にお金を使わなくなったとか、百貨店の委託販売では、返品リスクや販売員の派遣などを価格に織り込むため価格が高くならざるをえなかったなどと言われる。が、アパレルメーカーが抱える根本的問題は百貨店と同様に、もっとマクロなものだ。

百貨店業界もアパレルメーカーも、同質性集団の特徴として内集団に注視して、同業他社の動向に遅れまいと神経を集中し、同質的行動をつづけていた。内集団バイアスのせいで、敵が外からくることに気づかなかった。

80年代から90年代にかけて、百貨店は、家電、家具、衣料品、玩具など特定の商品分野で圧倒的な品ぞろえと低価格を武器に展開する大型専門店（カテゴリーキラー）に、客（消費者）を奪われることになる。

大手アパレルメーカーは、それまでなかった新しいビジネスモデルで市場に入ってきたユニクロに不意をつかれた。当時、ファーストリテイリングは地方の衣料品店であり、アパレルメーカーが同業他社と認める内集団に属していなかったので、その新しさに気がつかなかった。1998年にフリースブームが起きて、初めて、その新しさの重要性に気がついた。

あわてた大手アパレルメーカーは、ユニクロに対抗すべく競って海外での大量生産を推し進めた。きちんと練り上げた業務プロセスを構築したわけでもなく、ユニクロのビジネスモデルを表面的にまねしただけのSPA（製造小売業）だった。生産過剰となり、売上も落ち、店舗過剰となった。過剰供給のため値引きが常習化し、利益も減少した。

なぜ日本企業はマス市場を捨てられなかったのか

中間所得層であるマスを対象として大量生産するというコスト構造が崩れたなか、アパレルメーカーがターゲットを明確にしたブランド作りができなかったのは、なぜか。

ターゲットを明確にするということは、セグメントの規模が小さくなるということ。つまり、アパレルメーカーにとっては、これまでの生産規模を維持できなくなることだ。生産規模を小さくして販売量も小さくするという新しいビジネスモデルに迅速に対応していくことができなかったのは、結局は終身雇用制のせいだ。

同じことは百貨店にも言える。百貨店は、日本の人口が減るということは自分たちがターゲットとしていた中間層が減少することがわかっていながら、ターゲットを上位層や下位層に広げる決断もできなかった。

最近になって、アジアのお金持ち、若いパワーカップルやＩＴ関連で働く日本の金持ちを含めた富裕層をターゲットとして高額品（時計、宝飾品、絵画）が売れるようになってきたので、外商サービスやインバウンド用の店舗に本腰を入れるようになった。

なぜ、今頃になって、どこもかしこも富裕層にターゲットを絞るという話になるのだろうか。高額商品を購入する法人客や個人顧客向けにサービスを提供する外商というサービス部門は、昔から百貨店独自の販売システムとして存在していた。もっと以前から、意識して、富裕層のためのサービス、富裕層に特化した店舗やフロアを作ることができなかったのか。あるいは、低所得層に特化したサービスや店舗を考えることもできたはずだ。

百貨店やアパレルメーカーだけではなく他の日本企業にもあてはまることだが、「大衆」を相手とするマス市場は終わったと１９８０年代に声高に叫ばれたにもかかわらず、「少衆」や

「分衆」に到達できる新しいビジネスモデルを創造することを怠った。高度成長時代やバブル時代に築かれた中間所得層の消費拡大を前提とした成功モデルに、呪縛されてしまったかのようだ。

日本企業が市場をセグメンテーションして、自社や自社ブランドが狙うべきセグメントに的を絞るのを避けた理由は明確だ。ターゲットを特定セグメントに絞るということは、たとえ、そのセグメントが富裕層のように利益性が高いとしても、市場規模は小さくなる。一億総中流と言われた中間所得層という市場セグメントと比較すれば、規模はぐっと小さくなる。ということは、会社の組織としての規模も小さくしなければいけないということだ。店舗や支店の数も減らし、従業員も減らさなくてはいけないということだ。

経営者は規模を大きくすること（なにかを付加すること）はできても、規模を小さくすること（何かを削減すること）ができない人が多い。減らすことは人間の本能に反する行為だからだ。だが、それだけではない。減らすことをむずかしくさせたのは、終身雇用のせいでもある。

新しくターゲットとなる顧客市場の規模に合わせ、高度成長時代やバブルに膨れ上がった自社の組織の規模をぐっと減らす。それができないまま過ぎ去っていったのが「失われた30年」だ。

雇用維持と世界最低なエンゲージメントの矛盾

人口が1億人以上で若者層も多かったときは、同質的な競争をしても、売上、利益ともある程度上がる可能性が高かった。市場のパイが大きかったときは、皆で分け合うことができた。リスクをとって競合他社と異なる行動をとれば、差別化に成功して大きくシェアを伸ばす可能性がある。が、差別化に失敗して大きくシェアを落とす可能性もある。

損失回避性バイアスが高く現状維持傾向のある当時の経営陣としては同質的競争をしたほうが得策という判断をしたのだろう。

こういった経営陣には、人口減で縮小する市場において、どう戦ってよいかの戦略をつくることができなかった。というか、戦略をつくることができても実行する勇気がなかったとしたほうが適切かもしれない。なぜなら、戦略の多くは、これまで持っていたものを捨てるとか削除することを伴う。

百貨店が改善型経営をつづけた理由は、人員整理ができなかったからだ。人員削減ができないから店舗を閉められない。つまり、これまでの経営を断ち切る構造改革には手をつけられないということだ。

日本企業の経営者は、雇用しつづけることを美徳と考える傾向がある。あるいは、自分の不作為を正当化するために、終身雇用は日本の美徳だと思いたいだけかもしれない。

だが、従業員の身になって考えれば、その「美徳」は間違っていることがわかる。従業員もバカではないのだから、会社の将来を黒雲が覆っていることはわかる。だが、従業員も人間、経営者と同じ現状維持バイアスにとらわれている。いま退職しても果たして新しい仕事先が見つかるかどうかわからない。転職先が見つかっても、いまより働きやすいとは限らない。リスクをとるのが怖いから、不安や不満を抱えつつ働きつづける。

世界的にエンゲージメント調査はいろいろあるが、どの調査においても、日本の従業員の会社へのエンゲージメントは世界中で最下位になるのは、このせいもある。先行きの見えない企業で、現状維持バイアスにとらわれて働きがいもなく無気力で働いている社員が多いからだ。

米調査会社ギャラップが２０２２年に実施した調査によれば、日本では仕事への熱意や職場への愛着を示す（従業員エンゲージメントの強い）社員の割合は５％で、調査対象１４４カ国のなかでイタリアと並んで最下位だった。４年連続の横ばいで、世界最低水準が続いている。

米企業のように業績が悪くなったらすぐにクビにするのがいいとは思わない。もっとも、皮肉なことに、世界一簡単にクビにできる米国企業の従業員エンゲージメントは34％と日本より高い。

「私は社員をクビにはしない」と誇らしげに断言する経営者に聞いてみたい。雇用しつづける自信があればよいが、結局、３年後、５年後に破綻したり、会社や事業部を売却することになる例は多い。それならば、早めに社員が転職を考える方向にもっていったほうが社員のためではないのか。

働く人に対する、経営者の真の責任

キリンホールディングスの構造改革にあたって、磯崎社長は、清涼飲料子会社のキリンビバレッジを売却する可能性も考えた。２０１４年当時の営業利益率が１・５％で、天候不順などによってはすぐに赤字になる状況だった。実際、米コカ・コーラから資本業務提携のオファーもあった。

磯崎社長は決断する前に、社員にはっきりと伝えた。「きちんと再生が果たせないなら、他社と再編する」と。再編の可能性をきちんと伝え、そして、努力するだけの時間的余裕を与えた。結果として、それがよかった。キリンビバレッジの社員は奮起して頑張り、営業利益も18年には７・５％まで上がったという。

いずれにしても、雇用しつづけることが経営者の仕事ではなく、生きがいをもって働くような環境を作るのが経営者の仕事だ。ずるずる決断を引き延ばしていることは、従業員のモラールにも悪影響を与える。

いまの会社には明るい未来がない、いまの仕事には将来性がない、やりがいがないと思っている社員がいても、「雇用を守る」のスローガンのもとに、「やめさせられること」はないかもしれないが、「やめること」もできない。これを「従業員の飼い殺し」だと鋭い言葉で批判する人もいる。

批判はしたが、従業員のクビを切ることを嫌い、ずるずると改革を先延ばししている経営者の気持ちがわからないわけではない。誰だって、他人の、まして自社の従業員の人生を変えるような決断はしたくない。

だが、マクロの観点からは異なる状況が見えてくる。だいたいにおいて、企業側は「雇用を守る」という美辞の下に、非正規社員を増やし、90年代以降、従業員における比率は4割近くに高まっている。

「雇用を守る」は内集団の正社員に限ったもので、外の人間は非正規社員という不平等な待遇でもよしとする。こういった考え方は、企業の内集団の価値観は守っても、日本社会の美徳を守ったことにはならないだろう。

最終章

素人の経営を脱する究極の感情

「外れ者」をリーダーにする効用

「組織は戦略に従う」のか、あるいは「戦略は組織に従う」のかという議論をよく耳にする。だが、優れたリーダーがいなければ優れた組織も優れた戦略も生まれないというのが、この30年間の日本企業の有り様を見ての結論ではないだろうか。

過去30年間、多くの日本企業のリーダーが現状維持だけで終わってしまった理由は2つある。

①同質性集団で育った人材はリーダーの器にはなりにくい。具体的に言えば、1960年代から70年代にかけて入社して、転職することもなく、同じ会社にとどまった人材は、考え方も感じ方も同じような仲間との集団思考に陥り、同調することをよしとする環境で育った。

②日本企業では、現社長が次期社長を指名することが多い。その場合、社長退任後も会長やその他のタイトルで会社にいつづけ、変わらず権力を行使していくつもりがあれば、まわりのイエスマンたちとまではいかなくても、自分の息がかかった部下から選ぶ。そして、後

輩社長は先輩社長がつくった方針や前例を変えることに躊躇する。また、たとえ院政を敷く意図がなくても、人間の心理として、自分より優れた人間を次期社長に選ぶことはあまりない。自分のほうが優れた社長だったと思ってもらいたい、「前の社長のほうがよかった」と言ってもらいたい心理は、どんな人格者にも無意識のうちに存在する。

その一方で、考えてみれば、リーダーはたった一人必要なだけだ。社員が100人でも東芝のように20万人でも、その組織のトップはたった1人。いかに同質性が高い集団であろうと、優れたリーダーになる人材は見つかったはずだし、見つかるはずだ。

三菱ケミカルの元社長の小林喜光氏は、「僕は入社時から外れ者だった」とし、「なぜ自分がここまでくることができたかは今でも不思議です」と語っている。事業再生専門家でミスミグループ本社の社長も務めた三枝匡氏は、「私は大学を出て入った三井石油化学を途中で飛び出し、そこからはもうぐちゃぐちゃ外れ者人生でした」と言っている。

統計学の用語で、データの全体的な傾向から大きく離れた値のことを「外れ値」という。外れ値が混在したまま平均値や相関係数などを分析すると、結果にゆがみが出るので、前もって除外する。だが、優秀なデータ分析者は外れ値を見つけ、その背景を深く分析することで、新しい企画や事業の成功の鍵となる要素を見つけ出すことがある。

人材にも同じことが言える。

全体の傾向から大きく離れた外れ者がリーダーになり、会社の再建に貢献したというサクセスストーリーはよく聞く話だ。最近は、外部からプロ経営者を招聘する例が増えているが、これも外れ者の範疇に入るだろう。いずれにしても、外れ者を採用するのは、同質性の弊害への一つの対処法だ。

今後は、女性管理職の採用や中途採用が増えることで、組織も変わっていく。だが、一朝一夕に進むものではない。前述したように、多様性は面倒な一面もある。しかし当分は、会社立て直しのために外れ者を起用する例が多く見られることだろう。

後継社長指名の難しさと解決法

ガバナンスの観点から、外部の人間である社外取締役が参加する指名委員会をつくって、次期リーダーを選ぶ方式を採用する企業も多くなった。問題は、外部から次期社長を招聘する場合はよいが、内部昇進の場合、社外の人間が内部の人材を選ぶことはなかなか難しいことだ。

東芝は2003年に委員会設置会社になりガバナンス上では優等生だったのに、形だけで終わり実際には機能しなかった。現社長が次期社長を推薦し、それを指名委員会が承認する場合、社外取締役は候補者を不合格とするだけの情報を持ち合わせていないことが多い。社内で用意された経歴と1、2度面接をするだけで可否を決めるわけだが、現社長の推薦を覆すような情報など、社外の人間には見つけられないのが普通だ。

まして、社外の人間が外れ者候補者を社内から見つけ出すことなど、まず、ありえない。社外取締役を交えた指名委員会で次期社長を選ぶなら、次期社長候補者たちと社外取締役とのコミュニケーションの機会をもっと増やすべきだが、そういった場を提供している会社は少ない。

その点、外部から招聘する候補者を審査するのは、経歴情報が豊富で、過去にどんな会社で働いたか、その間どんな業績を上げたかで力量が判断できる。また、過去に働いた職場での評判は調べやすいので、人となりもおおよそ判断できる。

S&P500に含まれる主要米国企業の取締役会が、2022年に承認した新しいCEO

の82％が内部からの昇進だった。後継者育成計画を策定し実施している企業が増えることによって、内部昇進のほうが外部招聘よりも多くなる傾向がつづいている。取締役会が外部からCEOを招聘するのは、内部候補者がまだ準備段階の場合、あるいは、急変した状況に対応する場合に限られており、結果、任期も短いようだ。

日本においても、後継者育成計画があり、それが実行されていれば、社外取締役が候補者たちと交流する機会も多くなり、指名委員会等での判断材料も多くなるはずだ。

日本企業を率いる経営の素人たち

外部から招聘する経営者を日本ではプロの経営者という。プロの経営者がいるということは、素人の経営者もいるということだ。……ということは、日本の多くの企業は素人の経営者が経営しているということになる。その解釈でいいのだろうか。

残念ながら、その解釈は正しい。

内部昇進者を素人の経営者とすると、プロの経営者とは何が違うのか。大きく分けて4つある。プロの経営者は、①しがらみがない、②経営とは何かを知っている、③マーケティングの感性がある、④決断力・実行力がある。

このうち、①については、すでに何度も言及している。

社内昇進の候補者ではどうにもならない組織の問題がある場合、たとえば「事業部や人員の削減を伴う大胆な構造改革を行う必要性があり、それに反対する抵抗勢力が存在する」、また、「元社長が会長や相談役のタイトルで残っていて、改革に反対する」。こういった場合、しがらみが少ない外部の人間のほうが改革を断行しやすい。

②の「経営とは何かを知っている」が、社内昇進経営者を素人呼ばわりしたくなる一番の要因だ。日本企業の経営者のなかには、ヒト、モノ、カネの資源配分と調整には長けていても、リーダーが最も深く精通しているべき経営戦略について知らない人が多い。

知らないと断言するのは言いすぎかもしれない。トップにまで昇りつめたエリートが経営戦略を知らないはずはない。だが、知識として知ってはいても、自分のものとして有効に使うことができていない。市場を分析し、経営戦略を立て、それを実行するということができていないということだ。

多くの日本企業の中期経営計画（中計）を見れば、それがよくわかる。

企業が実現したい10年から20年先の未来像ビジョンが先にあり、その長期的目標がどれだけ実現されてきているか、今後どのように実現していくかを示すのが中計であるべきだ。しかし、実態はというと、3年～5年の売上・利益予算を示し、それを実現するための施策を書き連ねることで終わっている。

各事業部の売上がX％上がり、コストがX％下がり、結果、利益がX％上がったという記述はあっても、長期ビジョンを達成するために、既存事業の縮小や廃止が必要だと書いている中計はあまり見られない。変化の時代だというのに、長期ビジョンを達成するために、大きな方向転換や改革をしなければいけないといったような記述もない。

中計の作成は任意で、株式市場の規則として求められているわけでもない。だが、上場企業の約7割は中計を発表しており、多くの企業の経営陣や経営企画部は中計作成に多大な労力を費やし、発表日が近くなると関係者は夜遅くまで残業をする。

2023年2月に味の素が中期経営計画を廃止すると発表して話題になった。味の素の社長は「精緻に数値を積み上げすぎて、現場が疲弊している」とし、数値目標のみに集中する「中計病」から脱却すると語っている。

日本で中計作成が始まったのは70年代〜80年代。当時は、オイルショックもあり、経営資源の調達に様々な問題が生じており、限られた資本や人員をどの部署にどれだけ配分するかが課題となっていた。中計は各事業部への最適な経営資源配分をまとめるもので、数字中心の内容だった。

細かな数字と施策にまみれた経営計画

だが、時代も社会状況も変わった。

中計が必要とされるとしたら、各時代における最も重要なステークホルダーとのコミュニケーション手段であるべきだ。最近では、株主の支持を獲得して株価を上げるため、そして社員に対して会社が何を目指し現在どういった状況にあるかをコミュニケーションするための必要性が高まっている。

しかし、同質性集団が生む内集団バイアスや前例主義で、時代や社会が変化していることに気がつかず、相変わらず昔からの考え方でルーティン化された中計を作成しつづけている企業が多い。

もっとも、中計発表をやめるという企業が増えてくれれば、「赤信号みんなで渡ればこわくない」で、日本から中計そのものが消えてなくなる日がやってくるかもしれない。

いずれにしても、多くの中計を読んでいると、長期ビジョンを達成するための戦略が見えてこない。というか、そもそも長期のビジョンや目標が何なのか、細かい数字や施策に埋もれてしまってすぐには判断できない。

戦略論が身についていない経営陣が細かい数字や施策に注視しすぎて、自分たち自身、大きな方向性を見失ってしまっているのではないか。既存事業の現状の延長線上での議論に終わってしまっているのではないかと疑ってしまう。

戦略理論を知らない失敗は、時間の浪費

経営戦略論が議論されるようになったのは米国でも1970年代からだ。鉄鋼、家電、自動車、半導体などで、東洋の敗戦国の日本に負けた米国のショックは大きく、経済界は研究者・実務家ともに日本的経営の研究を進め、日本との競争に勝つために市場分析と戦略理論に磨きをかけた。民間のコンサルティング会社も、経営陣が自社の戦略を立てるときに有効

なツールとなるプロダクト・ポートフォリオ・マネジメントのような理論やモデルを矢継ぎ早に発表した。

その一方、日本では経営戦略は組織論が中心となり、市場分析に基づく競争理論は育たなかった。戦後のカリスマ経営者の多くが、従業員（人間）の力を活かした組織の強さを強調して成功したせいだろうか。

『競争戦略』で有名なマイケル・ポーターは、70年代～80年代に日本企業が欧米企業に優位性を持つようになったのは、業務プロセスの効率を高め、高品質の製品を低価格で生産・販売するのに成功したからだと説明した。業務効果の違いをもたらしたのは、質の高い従業員の努力によるところが大きい。

同質性集団の内集団バイアスで、日本企業は、自分たちの集団の優秀さを過大評価し、外集団の評価をステレオタイプ化して、その後、外集団の競争優位性が高まったにもかかわらず正当な評価をしなかった。世界から優秀だとみなされた業務プロセスの「改善」に徹して、世界の潮流となった市場分析に基づく戦略づくりを修得することに関心を持たなかった。

海外企業の管理職は、大学院で経営学を勉強してＭＢＡ（経営学修士）の資格を持っている人が多い。ＭＢＡでは経営戦略や事業戦略を立てることを徹底的に教える。基本となる知識やノウハウを知っていて実務をするのと、知らないで実務をするのとでは、大きなハンディキャップがある。失敗は成功のもとというが、初歩的な知識を知らずにする失敗は時間の無駄だ。

日本では、幹部候補生に外部から講師を呼んで経営学を教えている会社もある。最近では、新興企業などで、入社してから数年の若者を子会社の社長に抜擢して、失敗したら本社に戻す。敗者復活の機会も与えて育成している会社もある。いずれにしても、幹部候補生を育成するなら、経営学の知識と実際の経験と両方を学ばせることが望ましい。

日本でも、ＭＢＡコースを提供している大学院は、入学試験を受けられる資格として数年の実務経験を条件とすることが多い。そのほうがコース内容を深く理解できるからだ。大学卒業後数年働き、その後、ＭＢＡ資格を取得する。そして知識と経験をもとに、幹部候補者として再就職先を探す。

海外企業の経営陣と同じレベルに立って議論できるためには、そういった人材を採用するのが普通にならなければいけない。

マーケティング感性のない経営者が多すぎる

経営者には感性が備わっていなければいけない。感性とは感覚、欲求、感情、情緒などにかかわる心の能力である。

企業経営者の最重要任務は自社の収益を上げることなのだから、B2BであろうとB2Cであろうと、顧客や従業員を含めたステークホルダーの立場に立って考え感じることができる想像力、顧客や従業員を含めたステークホルダーが考えたり感じていることを感知する共感性、市場と社会の変化や傾向を感覚的につかむ能力がなければいけない。

感性の鈍い経営者が多いから、日本企業はマーケティングが下手だとよく言われるし、コミュニケーションが下手だとも言われる。同じようなことだが発信力がないとも言われる。とくに従業員に対して、会社が目指す方向性を明確にし、目的に向かって共に進もうと説得する努力をしない企業が多すぎる。

インターナル・マーケティングが欧米で関心を集めるようになったのは1990年代ごろ

からだ。会社の目的やビジョン、企業文化、販売している商品やサービスの良さを従業員に理解してもらい、積極的に支持してもらうことによって、従業員の意欲を高め満足度を高める。インターナル・マーケティングは、自社の現在の方針や組織、文化、イメージといったものを丸ごとひっくるめた「会社」というブランドを従業員に「販売促進」すること。だから「従業員へのマーケティング」とも言われる。

自分や自社の方針や考え方、アイデアなどを、顧客や従業員だけでなくすべてのステークホルダーに納得してもらうために説得する行為は、抽象的概念を「販売」する行為であり、マーケティング活動だ。そのアイデアを、ステークホルダーが受け入れて納得するということは、そのアイデアを「購買」してくれたということだ。

そういった意味で、経営者はマーケティングの感性が必要だと、あえて「マーケティング」という言葉を付け加えた。

感性は知識のようには学べない

多くの日本企業にはプロのマーケティング担当者もいない。

日本企業は広告や販促を広告代理店に丸投げしてきた歴史があるし、現在でもそうしている企業が多い。そのせいもあって、マーケティング責任者にも素人が多い。マーケティングにもイロハというものはあって、基本的知識を知らないで失敗するのはやはり経費と時間の無駄だ。マーケティングの場合、フィリップ・コトラーのマーケティングの本を読めば、だいたいのことはわかる。だが、セグメンテーションやターゲティングなどはわかっても、マーケティングのプロにはなれない。感性は、知識の問題ではないからだ。

そういった意味で、マーケティング人材はＩＴ人材と同じである。総務部の人間をＩＴ部門に移動させても、すぐに戦力化できないのと同様に、元総務部長だからマーケティングのことは知らなくても、広告代理店の管理はできるだろうと考えて異動させても機能しない。総務部長が感性豊かな人間だったら、まだよいが、そうでなかったら、マーケティングの責任者にすることはできない。

最近では、マーケティング責任者を外部から招聘する例が多い。そして、その多くが、Ｐ＆Ｇジャパンで10年くらい働いた経験を持った人たちで、業界ではＰ＆Ｇマフィアと呼ばれているらしい。

たとえば、和佐高志氏はＰ＆Ｇでの10年の経験ののち、コカ・コーラに入社して「綾鷹」をヒットさせ、日本コカ・コーラＣＭＯに就任。23年に独立して新会社創立。Office WaDa代表の和田浩子氏は、Ｐ＆Ｇでパンテーン、パンパースなどのブランド育成にかかわり、ダイソン支社長、トイザらス社長などを経て、独立。２００４年にはフォーチュン誌で世界で最もパワフルな女性50人に選ばれている。

前述したキリンホールディングスの磯崎社長は、ビール事業の商品力が落ちているとして、マーケティングを徹底的に変えることを決め、内部の人間ではなく外部から責任者を採用することにした。そして、当時39歳のＰ＆Ｇ出身の山形光晴氏を選んだ。２０２０年にキリンがビール系飲料の首位に11年ぶりに返り咲いたのは、「一番搾り」をリニューアルし「本麒麟」をヒットさせた山形氏の功績が大きいという。

Ｐ＆Ｇは膨大なデータを緻密に分析し、それに基づいて戦略を立てることが知られている。そういった実務はマーケティング力をつけるのに役立ったであろうが、もともと、感性の高い人たちでなかったらＰ＆Ｇは雇わなかっただろう。

ルールを逸脱できない真面目さ

ソフトバンクグループの孫正義氏が日経ビジネス編集長とのインタビューのなかで、「日本の人々の素晴らしさは心の純粋さにあると思います。純粋さが単なる真面目で終わることが多いのですが……」と発言している。

たしかに、同じような印象を受ける外国人は多い。そして、こんな生真面目さだけでグローバル市場で戦っていけるのか、と素朴な疑問を持つ人も多い。

真面目であることが悪いはずがない。だが「真面目だけで終わってしまう」とはどういうことなのか。たとえば、会社で守らなければいけない規約があったとすると、それに全面的に従う、というようなことである。

第2章で、ホフステードの文化モデルの「不確実性の回避」の次元で、日本人のスコアは92で、76カ国中11位とかなり高いことを紹介した。そして、不確実性を回避する国民の仕事のやり方の典型例も紹介した。「もっともな理由があれば規則を破ってもよいという理由は受け入れられないことが多い。なぜなら、そういった考え方はあいまいさを生み、誰もが好き勝手を始めれば、何が起こるかわからないと考える」。

最近、ＮＨＫニュースで、まさにぴったりの例が紹介された。ＪＲ東日本の特急列車に乗って大いに困った母親からの投稿だ。特急列車には授乳とか急病人のための多目的室があるが、保安上の理由から普段は締まっている。密室になるのを避けるためカギは車掌が持っている。

女性は授乳するために、５両離れた乗務員室の車掌のところに出向き、その由を話した。が、車掌はここから離れられないので、多目的室のカギを開けられないと言う。長時間、赤ん坊は泣きわめくし、まわりに迷惑もかかり、精神的に非常に苦痛だったと女性は訴え、ＮＨＫが報道した。ＪＲ東日本は、ＮＨＫの取材に対して、「機器類の一部に不調が見つかり、対応する必要があった」としている。

欧米諸国で受けるサービスは日本に比べると各段に落ちる。だが融通性はある。同じ状況下だったら、「規則ではダメなんだけどね」と言いながら、いたずらっぽくウィンクして「すんだら戻してね」と、赤ちゃんを抱いた女性にカギを渡してくれたことだろう。だが、日本人は真面目だからそれができない。

真面目を辞書で引くと、「嘘やいい加減なところがなく、本気であること」「誠実であること」「まごころがこもっていること」などとなっている。これで見ると、日本の会社員の真面目は、辞書どおりの意味と、もう一つ、決められた約束事からどんな場合でも逸脱しないという意味があるようだ。そして、日本人が真面目で終わってしまうと批判されるのは、この部分だろう。

このタイプの真面目さ――あるいは「生真面目さ」と言い直してもよいが――には、相手がどういった状況にあるかの想像力がない。相手の立場に自分を置いて、相手が感じることを自分も感じる共感性がない。想像力がないことは創造力がないことに通じる。

四角四面の真面目さからは豊かな感性は育ちにくい。

どうして、こういった性格になったのかは、やはり日本の雇用制度の結果として、人生の大部分を同質性集団で過ごしたことにもあるのだろう。

もう一つ、遺伝子の影響もあるかもしれない。第2章に登場した5－HTTLPR多型遺伝子のS型遺伝子だ。

外者を恐れ、ルールの順守を苦にしない私たち

日本人を含め東アジア人がS型遺伝子を持つ割合が高いのは、アフリカから出て東アジアに到達するまでのルートに感染症が多かったため、感染症と闘う過程で生まれた遺伝子だと書いた。

第2章で、文化や価値観が損失回避性バイアスの高低に影響を与えるという研究論文を紹介したが、S型遺伝子も環境に適応する（この場合は感染症と闘う）形で、長い年月を経て、10万年ほど前に登場するようになったと考えられている。

具体的に説明すると、感染症対策として、①自分たちの集団とその外の人間とを厳しく区別する。外者との安易な交流は新たな感染症に身をさらす危険を冒すことになる。だから、こういった地域では、外者に恐れを感じるような文化ができあがった。②感染症と闘う過程で、集団が結束して対処する考え方や規則、習慣が作られるようになる。

規則や習慣とは、当時のことだから、衛生状態を良くするために、生肉を食べない、腐ったものは捨てるとか、あるいは、また一定の休息時間を規則的にはさむといったような原始

的な対処方法だ。

だが、こういった規則や習慣を守るか守らないかでは、感染症の発症率や生存率が大きく変わる。集団での決まりを守り従う者は病気にかかりにくく生存率が高まる。そして、S型遺伝子を持っている人間は、規則に従うことをあまり苦に思わなかった。なぜなら、この遺伝子を持っている人間は不確実性の高い環境では不安を感じやすい。人間は不安を感じると他人と一緒にいたいと思うようになる。群れることに抵抗を感じないどころか、群れの規則が厳しくても群れの一員でありたいと考える。

結果、S型遺伝子を持っていた人間の生存率が高くなり、長く生きて子供もつくる。よって、親のS型遺伝子が子孫に引き継がれることになる。環境と遺伝子の共働進化によって、集団の規則や掟に従うことを是とする子孫が増えることになる。

そして日本人は、いまでも、社会や組織の規則や約束事に従うことを、他国の人たちほど苦痛とは思わない。そういえば、コロナが流行した間、マスクをするのを自由への侵害と抵抗することが多かった欧米人に比べ、東アジアの人たちは社会のルールに従う傾向が高く、コロナによる死亡率も低かった。

せっかくの機会なので付け加えると、S型遺伝子を持っている人は、ネガティブな情報により強く注意を払うために、他人が怒りとか恐れといった感情を感じるのを早期に察知することができる。

さらに、他人にネガティブな感情を感じさせるような人間関係や状況を予期して、そういった行動を避けることもできる。日本人が「おもてなし」と言われるような細やかなサービスが提供できるのは、S型遺伝子のおかげだとも言える。

また、S型遺伝子を持っている人は、何か危険なことが起こるかもしれないと常に不安を感じている傾向が強く、迫り来る「危険」に意識を集中する。一つのことに集中することは、幅の狭い考え方をする傾向をもたらすこともあるが、細部に徹底してこだわる「ものづくり」に適した性質ももたらしてくれる。

誠実・勤勉な人は結果を出し、外向的な人は昇進する

真面目な性格は誰もが持つべき性格だ。世界中どこでも、真面目であることは褒められても非難されるべき性格ではない。日本の労働者の質が高いことは世界的に認められている。

世界経済フォーラムの人的資本報告書２０１６年では世界１３０カ国で4位だった。残念ながら、２０１７年には、若年層労働者の減少や女性の社会進出の遅れから17位に落ちたが、それでも、教育レベルの高さや勤勉さは昔から日本の人的資源の質の高さの基本にあった。

「ビッグ・ファイブ」と呼ばれる性格診断法がある。１９９０年以降よく使われるようになり、日本でも就職試験の適性検査などに利用されているのでご存知の人もいるだろう。

「ビッグ・ファイブ」は、人の性格が5つの因子の組み合わせで決まるとする学説に基づいている。人の個性は「Openness（開放性）」「Conscientiousness（誠実性）」「Extraversion（外向性）」「Agreeableness（協調性）」「Emotional Stability（精神的安定性）」という5つの因子に分類され、それぞれの因子の強弱が人によって異なるため、性格や言動・態度に違いが出るとされる。


ビッグファイブと仕事との関連性を調べる多くの国の研究によれば、ほとんどの職業において、仕事上のパフォーマンスとの関係性が最も高いのは「誠実性」の因子であり、次いで「外向性」「精神的安定性」「協調性」「開放性」とつづく。

「誠実性」とパフォーマンスとの相関度は2番目の「外向性」より2倍近く高い。「誠実性」

は、個人の将来の経済的成功を予測する最重要因子であることがわかっている。

２０１６年に発表された日米の比較調査でも、①日米ともに、男性の場合、「誠実性」が高いほど収入が高い、②日米ともに、男性の場合、「外向性」が、管理職に昇進する確率を高くする因子である（外向性が高いと社交性や積極性があり活発で饒舌。自己主張も強い）、③日米で異なる点は、日本では「協調性」が高いほど収入が高い傾向があるが、米国では、その反対で、「協調性」はかえって不利益になる。また、協調性は収入には貢献しても出世には必ずしも関係ないことも明らかになっている。

日本の会社員は「協調性」だけが磨かれる

「Conscientiousness」は日本では「誠実さ」とか「勤勉さ」と訳されている。自制力、良心性、責任感の強さを示し、この因子が高いと、真面目で粘り強く、達成力があるとされている。その反面、融通性がない。完璧主義者もこの因子が高い。また、この因子が低い場合は、アドリブ力や行動力などが高い傾向にある。

日本人は真面目だと言われるということは、「誠実・勤勉」の因子の高い人が多いということとだろう。それで、終わってしまわないためには、「外向性」や、変化への好奇心が強く、型にはまったものより多様性を好み、想像力や創造力があると言われる「開放性」の因子も必要のようだ。

実際、英国で1万9580名の会社員（内訳：起業家2415名、マネジャー3822名、スーパーバイザー2446名、一般社員1万897名）にビッグ・ファイブ性格診断をしてみたところ、役職によって性格因子の組み合わせや強弱が異なることがわかった。

起業家は、精神的安定性があり高い誠実性や開放性や外向性を持つ性格。また、起業家の成功は協調性の高さと関係があることもわかった。マネジャーは、高い誠実性や外向性があるが、スーパーバイザーや一般社員よりも協調性が低かった。マネジャーの「開放性」はスーパーバイザーや一般社員よりも低く、起業家の「開放性」や「外向性」はマネジャー、スーパーバイザーや一般社員よりも高かった。

この研究結果を、日本の組織に置き換えてみる。一般社員、スーパーバイザー、マネジャー、起業家それぞれにおいて必要な因子の高低が違ってくる。どの職位でも、「誠実性」因子は必要だが、上に上がるほど、「開放性」や「外向性」因子の必要性が高くなっていく。

だが、日本の企業では、「誠実性」因子を持った新卒者が入社して、同質性男子組織で数十年過ごすことにより、発達したのは「協調性」因子だけ。「開放性」や「外向性」因子は発達しないままで終わってしまう。それが孫正義氏の「純粋さが単なる真面目だけで終わることが多い」発言の真相かもしれない。

IQよりも社会での成功に相関する非認知能力

日本企業はどちらかというと認知能力を重視してきた。最近は変わってきたとはいえ、長年にわたって、卒業した大学の優劣や学力や知識を判断する入社試験で社員を選んできた。大きな会社になると、昇進についても、認知能力をチェックする社内資格試験での成績を基本としてきた。

認知能力というのはIQや学力のように数値で測れる能力だ。これに対して、非認知能力は数値では測定できない人間力であり、意欲、自信、忍耐、自制心、感情をコントロールする力、コミュニケーション力、協調性、共感など、ビッグ・ファイブの性格因子で表現されるような心の力のことだ。

非認知能力が重要視されるきっかけは、ノーベル経済学賞受賞者のジェームズ・J・ヘックマン教授が、幼児期の教育が及ぼす影響について40年近くの追跡調査をした結果を、2006年に発表したことにさかのぼる。

研究目的は、幼児期に受けた教育が学校での成績だけでなく、仕事上での収入や業績に大きな影響を与えることを証明することだった。その研究のなかで、非認知能力の発達を促す教育をすれば、その影響は将来長きにわたり、所得が高く仕事でも成功する確率が高く、豊かな人生を送ることが明らかにされた。

たとえば、子供のころＩＱが高くても、忍耐力、信頼性、自制心が高くなければ、社会に出ても成功を収める可能性は低い。反対に、ＩＱが高くなくても、非認知能力が高い人は人生において成功を収める可能性が高い。

しかも、認知能力は、たとえばＩＱは8歳でレベルは決まってしまうが、非認知能力は大人になっても発達する可能性がある。ヘックマン教授は、非認知能力は自分一人で勉強して獲得できるものではなく、「誰かから教わることができる」とも言っている。学校や職場で、人間関係を通して、他人の言動を見習ったり、自分の欠点を指摘してもらったり、励まされたりして開発し伸ばしていくことができる。

多様性の高い職場が育てる非認知能力

新卒で入社して、数十年間、男性中心の同質性集団で一日の大半を過ごすことは、非認知能力を育成するには適切な環境だったとは言えないだろう。

考え方や感じ方も同じような集団で過ごすことは、前述したように、誠実性や協力性を維持・成熟させることには役立ったかもしれないが、外向性や開放性を育成するには役に立たなかった。想像力や創造性、コミュニケーション力を強化するには役立たなかったと言える。

組織の多様性が進むことで、外向性や開放性といった非認知能力を発達させることが期待できる。

たとえば、部下が何か悩んでいると思った上司は、これまでだったら、「ちょっと飲みに行こう」と誘い、お酒の力を借りて、悩みを聞きアドバイスすることができた。だが、多様性が進めば、異性の部下を誘うのはセクハラ問題がある。外国人だったら、時間外に飲みに行くことを強要されたとパワハラ扱いされるかもしれない。

つまり、言いにくいことや尋ねにくいことがあって、それが仕事に支障があるようなことであれば、日中、会議室で、お酒ではなく言葉だけに頼る話し合いをしなくてはいけないということだ。上司の、そして部下のコミュニケーション力を鍛える良い機会だ。

ヘックマン教授が言ったように、このような形で、非認知能力は職場の人間関係のなかで育てることができる。

決断力と実行力のない日本の「真面目」な経営者

日本の真面目な経営者は、意思決定は論理的かつ合理的になされなければいけないと考える。つまり、認知能力に依存して決定すべきと考える。だが実際には、論理的に考えた結論がどんなに正しいものでも、それを実行するには非認知能力が必要だ。

どういった構造改革をするか論理的かつ合理的に考えて決定しておきながら、実行には移せず、だらだら先延ばししつづけた企業が多いのが、失われた30年の特徴だ。事業売却をすると決めておきながら、それにともなう人員削減ができないまま、また、そういった障害を解決できない理由もあって、積極的に相手先を探さないまま、ずるずる現状維持をつづける。

プロの経営者と素人の経営者とは4つの点で異なると書いた。最後に、4つ目の決断力・実行力について考えてみる。

外部から招聘されたプロの経営者に決断力や実行力があるとしたら、一つの理由はしがらみがないからだ。事業部の売却にしても、人員の削減にしても、長年の付き合いがあるわけではないから決断しやすい。内部昇進の社長では、たとえ、しがらみというほどの絡まった関係がなくとも、かつては成長源として会社に貢献してきた事業部を切るのは忍びがたい。長年働いてきた社員に辞めてもらう決断をするのは耐えがたいであろうことは推察できる。

しかし、決断や実行ができなくてだらだら先延ばしをつづけていては、リーダーの資格はない。日本の経営者の損失回避性が高く現状維持バイアスにとらわれる傾向が高いことは、第2章で説明した。最終章では、ちょっと異なった観点から、日本の経営者の決断力の弱さについて書いてみる。

日本の真面目な経営者に決断力というか実行力がないのは、決断を認知能力だけに依存しているからだ。実際には、論理的に考えた結論がどんなに正しいものでも、それを実行するには感情が必要だ。本書では、神経科学の急速な発展によって解明された事実に基づき、人間の意思決定が認知プロセスだけで決められているわけではないことを強調してきた。

おおまかに言えば、意思決定は、進化的に古い脳から生まれる快と不快の感情（本能的感情）と論理的意思決定をする新皮質との協働作業で決定される。協働とはいっても、本能的感情の影響力は強い。どんなに吟味した論理的に正しい結論でも、扁桃体や島皮質がつかさどる不快の感情がノーと言えば実行することはむずかしい。

会社買収はできるのに、なぜ事業売却はできないのか

決断力と実行力について、買収と売却の例で考えてみる。

人間は付加するときは決断しやすい。たとえば会社を買収するとき。付加するということは何かを得ることであり、報酬系が活性化して快の感情が生まれる。投資額がかなり大きくなることを島皮質や扁桃体は嫌うかもしれないが、大きくなる会社のトップに立つ期待感が経営者の自己顕示欲を刺激し、報酬系は一段と活性化する。報酬系が活性化しているときは決断しやすい。

だが、反対に事業部売却やそれに伴う人員削減となるといったん保有していたものを失うわけだから損失とみなされ不快の感情が生まれる。だから、なかなか決断できない。

扁桃体や島皮質がノーと言っているとき、どう対処するか？

扁桃体は刺激されると恐れの感情を生み出す。20万年前の祖先がアフリカのサバンナでホラハイエナに出くわしたとき、本能的恐怖は、人間に、逃げるか、あるいは戦うかを選択させた。事業売却や人員削減という、これから起きるであろう変化に感じる恐れは、恐怖というよりは不安かもしれない。ハイエナの例で言えば、自分が住む洞窟の入り口のまわりを、ハイエナがうろうろしている感じだ。そんなとき、人間は逃げることも戦うこともできず、身動きしないことを選択した。

日本の経営者は過去30年間、恐れと不安のなか、逃げるか身動きしないかを選択してきた。「戦う」のに必要なのは勇気だ。失われた30年が40年にならないようにするためには、勇気が必要だ。

勇気という言葉を聞いただけで、くだらないと小ばかにする経営者が多いと思う。だが、最近、欧米のビジネス書では、リーダーシップに関連して勇気という言葉をよく目にする。

日本のビジネスパーソンが「勇気を出す」という言葉を、公の場で使うのをあまり聞いたことがない。だが、2023年の春、日本を訪れていた米投資銀行リンカーン・インターナショナルの会長が、勇気という言葉を使ったと聞いた。金融環境が投資に有利なのにもかかわらず、成長に必要な企業買収にしり込みしている日本企業を奮い立たせるかのように、「勇気を出すべきだ」と発言したそうだ。

感情的勇気を醸成する多様性のある組織

勇気という日本人が仕事上ではあまり使わない言葉が、米国ではリーダーシップに関連してよく使われるようになったのは、神経科学の研究が進んだおかげだろう。認知の領域だけでは意思決定はできないことに気づくようになったからだ。最近では emotional courage、日本語に訳せば感情的勇気とでもいう言葉も使われるようになっている。

感情的勇気とは何だろう。扁桃体から生まれるネガティブな感情ときちんと向き合う勇気ということらしい。勇気は感情の一つだとみなされる。感情には感情で対処するということか。

経営者は、自分が決断できないでずるずる先延ばししている理由を、認知能力で考えて、自分の行動を正当化しようとする。社員をクビにしないという創業者の訓戒があるとか、インバウンド景気で需要が戻ってくる可能性があるとか、会社のイメージが悪くなるとか、自分の優柔不断を正当化する理由は認知プロセスをつかさどる前頭前野でいろいろ考え出すことができる。しかし、自分への正当化はできても問題の根本的解決にはならない。

扁桃体で生まれる恐怖の感情は半ば無意識だ。それを意識できる領域である新皮質に持ってきて、感じることが必要だ。自分が何を恐れているのかをきちんと把握する。自分が感じている感情をあいまいな形にしないで、真正面から向き合ったうえで、感情的勇気を出して決断する。

そして、自分が決断したことをやり抜くために、そして、実行した結果を乗り越えるためには、非認知能力が必要だ。たとえば、人員削減を伴う事業売却では、誹謗中傷にさらされることもある。忍耐、立ち直る力、目標への情熱が必要だ。「誠実性」「協調性」「精神的安定性」が重要因子となるが、「外向性」や「開放性」も必要だ。

1960年代からつづいた凝縮性の高い同質性集団は、日本の組織のメンバーを「真面目で終わってしまう人間」にさせ、組織を不活性化させた。

だからといって思い違いをしてはいけない。世界の多くの国において、「勤勉・誠実・真面目」は人生で成功するために最も必要な性格因子だ。

遺伝子の影響もあって、日本人はこの性格因子を強く持っている人が多い。人的資源としての日本人労働者が優秀だとみなされる要因であり、日本人が誇るべき特質だ。

多様性が進むのには時間がかかる。だが、女性、外国人、中途採用者、いったんは退社したが再度戻ってきた元社員などが働く企業は、「真面目で、しかも〇〇で△△な社員が多い」と言われるようになるだろう。

そういった会社を経営することは面倒かもしれない。そういった会社で働くことも面倒かもしれない。しかし、何かが創造される場にいるワクワク感も体験できるかもしれない。

引用・参考文献

第1章

- 小池拓自「企業部門の利益改善と課題―法人企業統計調査で見る中長期動向」、国立国会図書館調査及び立法考査局
- 「サラリーマン社長は進化する」、日本経済新聞　２０２３年4月21日
- 「情報通信白書令和元年版」、総務省
- 「ＤＸレポート～ＩＴシステム「２０２５年の崖」の克服とＤＸの本格的な展開～」、経済産業省、平成30年
- 吉原英樹、岡部曜子、横田斉司「情報技術革命と日本的経営の緊張関係―ＥＲＰを中心にして」神戸大学経済経営研究所、ディスカッションペーパー、２００３年
- 「令和2年度　年次経済財政報告」、内閣府
- IBM To Take Over Kodak's Data Processing, *Washington Post* 7/26/1989
- Outsourcers eye chance to win Kodak IT contract, *Business Journal* 10/17/03
- 「アウトソーシング事業増加　情報処理を全面委託　日本コダックなど」、朝日新聞、１９９２年12月２日
- 「情報化白書　１９９３」、財団法人日本情報処理開発協会編

- 團泰雄「日本企業の新規事業進出と準企業内労働市場」、日本労働研究雑誌、２０１３年12月
- 「技術者が辞めるとＩＴ部門は強くなる」、日経ＸＴＥＣＨ、２００８年４月25日
- 玄忠雄「ＩＴ人材がユーザー側で大幅不足」、日経ＸＴＥＣＨ、２０２０年11月12日

第2章

- 友野典男『行動経済学　経済は「感情」で動いている』、光文社新書、２００６年
- The case for behavioral strategy, *McKinsey Quarterly*, March 2010
- W. Samuelson & R. Zeckhauser, “Status Quo Bias in Decision Making”, *Journal of Risk and Uncertainty* 1988
- D. Kahneman & Amos Tversky, “Prospect Theory: An Analysis of Decision under Risk”, *Econometrica* 1979
- ルディー和子『売り方は類人猿が知っている』、日経プレミアシリーズ、２００９年
- Mei Wang and et al., “The Impact of Culture on Loss Aversion”, *Journal of Behavioral Decision Making* 2017
- G・ホフステード、G・J・ホフステード、M・ミンコフ『多文化世界』、有斐閣、２０１３年
- J.Y.Chiao &K.D. Blizinsky, “Culture-gene coevolution of individualism-collectivism and the serotonin transporter gene”, *The Royal Society B* 2009

・「金融リテラシー調査（２０２２年）のポイント」、金融広報中央委員会
・竹村和久「感情と経済行動の意思決定」、マーケティングジャーナル、２０１６年
・Guillaume Baechler & Laurent Germain, "A Literature review on neurofinance" *Finance* 2018
・C.M. Kuhnen, et al. "Serotonergic Genotypes, Neuroticism and Financial Choices" *PLOS ONE* 2013
・安藤住寿康「行動の遺伝学－ふたご研究のエビデンスから」、日本生理人類学会誌、２０１７年
・安倍晋三『安倍晋三回顧録』、中央公論新社、２０２３年
・川村憲章「金融リテラシー調査にみる『損失回避傾向の強さ』」、月刊資本市場、２０１６年8月
・B.Knuston, et al.,"Neural predictors of purchases" *Neuron* 2007

第３章

・"If it was Lehman Sisters, it would be a different world- Christine Lagarde", *The Guardian* 9/5/2018
・三枝匡『決定版　戦略プロフェッショナル』、ＫＡＤＯＫＡＷＡ、２０２２年
・三枝匡『経営パワーの危機』、日経ビジネス人文庫、２００３年
・吉本隆男「日本型就職システムの変遷」、都市住宅学、２０１７年
・古井一匡「息子・娘を入れたい会社」、ダイヤモンド・オンライン、２０２１年3月17日
・「新卒採用の潮流と課題」、リクルートワークス研究所、２０１０年
・松井亮太「集団思考とは何か」、日本原子力学会誌、２０２０年

- Irving Janis "Groupthink" in E. Griffin (Ed.) *A First Look at Communication Theory*, McGraw Hill 1991
- Sara Ellison et al., "*Diversity, Social Goods Provision and Performance in the Firm*", MIT 2010
- 山岸俊男『「しがらみ」を科学する』、ちくまプリマー新書、２０１１年
- ルディー和子『合理的なのに愚かな戦略』、日本実業出版社、２０１４年
- 「液晶の呪縛、解き放て」、日経ビジネス、２０１３年4月8日
- 「シャープ会長退任　凋落の病巣・権力闘争は終わるのか?」、ビズジャーナル、２０１３年5月14日
- 「統治改革、大胆人事生む」、日本経済新聞、２０２０年10月24日
- 「キリンホールディングス社長が語る改革の要諦」、日経ビジネス電子版、２０１９年4月5日
- 久我尚子「共働き世帯の妻の働き方」、ニッセイ基礎研レポート、２０１９年
- 戌亥真美「１０００人調査!　イマドキ『出世と社内政治』は、現実的にどのくらい関係があるのか」、プレジデントウーマン、２０２０年10月11日
- 長瀬勝彦「日本の組織における集団主義的意思決定」、駒大経営研究第三巻
- よしながふみ『大奥』（第5巻）、白泉社、２００９年
- Peter Dizikes, 'Workplace diversity can help the bottom line' *MIT News* 10/7/04

第4章

・大鹿靖明『東芝の悲劇』、幻冬舎、２０１７年
・「傍流　道半ば」、週刊東洋経済、２００５年2月21日
・「東芝トップ、一線越える」、日本経済新聞、２０１５年7月22日
・「東芝　誤算と虚飾の7年」、日本経済新聞、２０１５年9月9日
・M. Niederle & L.Vesterlund "Do Women Shy Away From Competition? Do Men Compete Too Much" *The Quarterly Journal of Economics, August* 2007
・水谷徳子、 et al.,「自信過剰が男性を競争させる」、行動経済学第二巻、２００９年
・Irene van Staveren, "The Lehman Sisters Hypthesis", *Cambridge Journal of Economics* 2014
・"Why are women-led nations doing better with covid 19?", *The New York Times* 8/13/20
・Supriya Garikipati & Uma Kambhampati, "Leading the Fight Against the Pandemic: Does Gender Really Matter?, University of Liverpool
・"Equality in Politics: A Survey of Women and Men in Parliaments", *Inter-Parliamentary* Union 2008
・筒井淳也「世界的にみて異質『なぜ日本の家庭では妻が財布の紐を握るのか』」、プレジデントオンライン、２０２１年6月30日
・Chizuko Ueno, "The Position of Japanese Women Reconsidered"、Current Anthropology 1987
・高見幸子「働く女性多いスウェーデン　背景に主婦の地位の低さ」、NIKKEI　STYLE、２０１３年10

月25日
- 隅田貫『仕事の生産性はドイツ人に学べ』、ＫＡＤＯＫＡＷＡ、２０１７年
- PRTimes「消費における購買意思決定権を持つのは女性が８割」、株式会社MaVie、２０２１年６月17日
- Heather Sarsons and Guo Xu, "Confidence Men? Gender and Confidence:Evidence among Top Economists, *American Economic Association* 2021
- Masami Yokoyama,「ニュージーランド首相ジャシンダ・アーダーン」*Vogue/Lifestyle* 1/19/23
- Tess McClure, "Jacinda Ardern resigns as prime minister of New Zealand,*The Guardian* 1/19/23
- Jacinda Ardern: New Zealand PM quits citing burnout, *BBC News* 1/19/23
- "The Confidence Gap", *The Atlantic*, May 2014

第5章

- 浅羽茂「同質的行動の理論」、学習院大学経済論集、１９９９年
- 松下幸之助発言集39、松下幸之助.com
- 「アサヒVSサッポロ　泡立つ辛口ビール戦争」、毎日新聞、１９８８年1月26日
- 「戦後日本のイノベーション100選　電子式卓上計算機」、公益社団法人発明協会
- N.Rosenberg and W.E.Steinmuller, "Why Are Americans Such Poor Imitators?", *American Economic*

Review 1988

- 「百貨店は終わったのか」、日経ビジネス、２０２０年8月24日
- 「コロナのせいは方便　凋落招いた10の真因」、日経ビジネス、２０２０年8月24日
- 「過熱する巨艦店競争」、日経流通新聞、１９９０年12月22日
- 「百貨店再生へ待ったなし」、日本経済新聞、１９９３年11月24日
- 窪田順正「人口減は予測できたのに、なぜ百貨店は増えていったのか」、ITMedia、２０２０年10月20日
- ルディー和子『勤勉な国の悲しい生産性』、日本実業出版社、２０２０年
- 「大量供給モデル、コロナで終焉」、日経ビジネス、２０２０年8月17日
- 浅羽茂『日本企業の競争原理―同質的行動の実証分析』、東洋経済新報社、２００２年

最終章

- 「キリンホールディングス社長が語る改革の要諦」、日経ビジネス電子版、２０１９年4月5日
- 「特別対談　惨敗30年、目覚めの時」、日経ビジネス、２０１９年7月29日
- 「精緻な数値に疲労　中計廃止」、朝日新聞、２０２３年8月24日
- 入山章栄「中期経営計画という病が企業をダメにする」、日経ビジネ電子版、２０１９年6月17日
- 坂本謙太郎「中期経営計画今昔物語」、日本総研、２０１８年11月9日
- 「技あり仕事人第15回」、日経トレンディ、２０２１年4月号

- 「忘れられた島国になるな」、日経ビジネス、２０１９年10月７日
- Sun Youn Lee & Fumio Ohtake, "Is Being Agreeable A Key to Success or Failure in the Labor Market?" *The Institute of Social and Economic Research*, Osaka University 2016
- Weixi Kang, et al., "Big Five personality traits in the workplace: Investigating personality difference between employees, supervisors, managers, and entrepreneurs", *Frontiers in Psychology* 2023
- 中室牧子「学力の経済学―教育に科学的根拠を」、パソナ総合研究所ディスカッションペーパー、２０１９年
- William Harms, "Heckman's research shows non-cognitive skills promote achievement", *The University of Chicago Chronicle* 2004
- 「ウォール街、瀬踏みの来日」、日本経済新聞、２０２３年４月11日
- Kathy Caprino, "Why Emotional Courage Is So Essential To Great Leadership", *Forbes*, 7/6/18

ルディー和子　るでぃー・かずこ

ウィトン・アクトン代表。国際基督教大学卒業、上智大学国際部大学院MBA修了。エスティ・ローダー社マーケティング・マネジャー、タイムライフブックスのダイレクト・マーケティング本部長などを経て現職。早稲田大学商学学術院客員教授、立命館大学大学院教授、またトッパンフォームズ社外取締役、セブン&アイ・ホールディングス社外取締役などを歴任し、現在A&Dホロンホールディングス社外取締役。

日経プレミアシリーズ｜506

男《だん》子《し》系《けい》企《き》業《ぎょう》の失《しっ》敗《ぱい》

二〇二三年一一月九日　一刷

著者　ルディー和子
発行者　國分正哉
発行　株式会社日経BP
日本経済新聞出版
発売　株式会社日経BPマーケティング
〒一〇五―八三〇八
東京都港区虎ノ門四―三―一二
装幀　ベターデイズ
組版　マーリンクレイン
印刷・製本　中央精版印刷株式会社

ISBN 978-4-296-11845-8　Printed in Japan